KB081744

그대는
남자다

그대는
남자다

나상미 지음

갈라북스

그들만의 비밀 같은 이야기

"남자를 잘 안다고?"

여자가 알면 얼마나 알겠냐고 생각할 수도 있습니다. 당연히 여자가 남자를 알면 얼마나 알겠습니까. 단지 저는 많이 아는 게 아니라 그들을 많이 이해하는 사람이고 많이 친하다는 것뿐입니다.

사실 남자가 아닌 제가 그들만의 비밀 같은 이야기를 술술 집필할 수 있었다는 것이 지금도 믿기지 않습니다. 마치 제가 남자가 된 듯 한 기분이 들었으니 말이죠. 하지만 저는 남자가 아니랍니다. 그냥 남자들과 함께 일하며 그들을 이해하려 했고, 그러면서 아버지에 대한 미안함과 남편에 대한 고마움도 함께 느낄 수 있었던 그냥 아줌마일 뿐입니다. 그런 아줌마가 왜 하필 남자 이야기냐고요? 왜 여자가 아닌 남자를 말하고 싶었는지 이유를 지금부터 알려드리겠습니다.

겨우내 혹독한 추위가 지나고 봄을 맞이하려는 2월의 어느 날, 남편은 많이 울었습니다. 눈물을 흘리는 것보다 마음속으로 삼키는 모습이 더 슬퍼 보인다는 것을 저는 그때서야 비로소 알 수 있었습니다. 물론 저도 많이 슬퍼했습니다. 길었다면 길지만 아주 짧은 생을 살고 가신 아버님의 운명 앞에 모두가 많은 눈물을 흘렸습니다. 남편은 잘 해드리지 못했다고, 힘드신 아버지를 제대로 이해해주지 못했다며, 후회의 눈물을 마음속으로 삼키며 꾹꾹 참았습니다. 더 작아지고 힘들어 보였던 아버지의 모습이 자꾸 눈앞에 아른거린다며, 한 번이라도 살갑게 굴지 못했음을 후회하는 남편의 모습에 가슴이 미어졌습니다.

사람은 왜 떠나고 난 다음에야 후회를 하게 될까요? 그것도 엄마보다 아버지에게 더 말이죠. 어쩌면 우리는 엄마에게 가려진 아버지를 보지 못했을지도 모릅니다. 단지 엄마가 가르쳐 준 아버지의 모습만 보려 했을지도 모릅니다. 그래서 늘 뒤늦게 후회하고 몇 배로 더 마음 아파 하나봅니다.

지금 이 순간 퍼뜩 뇌리를 스치는 사람이 있으니 바로 제 아버지입니다. 바로 내 아버지, 지금은 저보다 더 작고 힘이 없어진 아버지 말이죠. 하지만 어릴 적 아버지는 저에게 큰 산과 같았습니다. 어느 누구에게나 마찬가지였겠지만 아버지라는 존재는 세상에서 가장 힘이 세고 멋진 분이셨습니다. 어느 누가 뭐라고 해도 자랑스러운 아버지 말이죠. 그런데 머리가 굵어지면서 아버지는 그냥 돈을 벌어오는 사람이고, 처자식을 위해 죽을 만큼 힘들어도 되는 사람이라고 생각되더군요.

아버지는 이른 새벽에 출근하는 청소부였습니다. 어린 마음에 창피하다고 생각한 적이 한 두 번이 아니었죠. 그런데 그 일을 하시면서 저를 이렇게 자랑스럽게 크도록 공부도 시키고, 예쁜 옷도 사주셨습니다. 그냥 당연한 줄 알았습니다. 그런데 이렇게 두 아이의 엄마가 되니 아버지의 삶이 얼마나 고되고 힘들었을지 이해가 되더군요. 그땐 왜 그랬을까요? 분명 언젠가는 후회할 일이었는데, 그 사실을 깨닫는 시간이 이렇게 가리라고는 생각지 못했나봅니다. 제가 지금 서른 중반의 나이이니 그 사실을 깨닫는데 거의 이십 오년이라는 시간이 걸렸네요. 이런 제가 아버지에게 용서를 빌어야할까요? 이렇게 늦게 깨닫게 되어 죄송하다고 무릎을 꿇어야 할까요? 아니요. 다 필요 없는 무의미한 행동입니다. 분명 아버지는 그런 저를 미워하지 않으실 게 분명하거든요. 그런 생각을 들게 한 원인을 당신이 제공했다 생각하시고 오히려 저에게 미안하다 생각하실지 모를 일입니다. 이 글을 쓰고 있으면서도 가슴이 뜨거워지는 이유는 뭘까요? 속이 상하는 이유는 뭘까요? 아버지를 미워하고 원망했던 것만큼 사랑하고 존경하기 때문이죠.

저는 많은 남자들과 함께 일을 하고 있습니다. 옆을 봐도 앞을 봐도 모두 남자뿐이네요. 그들 역시 남자이지만, 또한 아버지입니다. 제 앞에서는 돋아나는 새치를 감추려 까맣게 염색을 하고와도, 떨어지는 기억력을 감추려 애를 써도 제 눈에는 다 보이는 어쩔 수 없는 우리네 아버지입니다. 한 집안의 가장으로 두 어깨에 무거운 짐을 짊어지며 사는, 어릴 적 아버지를 그렇게 원망했지만 어쩔 수 없이 똑같이 아버지 인생을 다시 살고 있는 그런 남자라는 것을 어느 누구도 부인하지 못합니다. 그런 그들은 힘들지 않을까요? 그냥 시키는 대로 일을 하며 돈을 벌면 되니 그다지 힘들어 보이지 않나요? 그들의 어깨가 짊어진 무거운 짐 때문에 어깨뿐만 아니라 마지막 남은 자존심까지 그들의 저 발끝까지 추락한 것이 보이지 않나요? 가족을 위해 싫어도 웃고, 가족을 위해 허리를 굽실거리고, 가족을 위해 뙤약볕에 땀을 흘려가며 일하며 허리가 휘어도 가족 앞에서는 강한 모습을 보이고 싶은 마음에 술이라도 한잔 걸치고 큰 소리 치고 싶은 그들의 마음은 보이지 않나요? 이 모든 것이 가족을 위한 것이었지만, 가족에게 인정받지 못해 힘이 빠져 있는 그들의 뒷모습이 보이지 않나요? 그들이 말하고 싶은 인생, 그들이 살고 있는 삶, 그들이 필요로 하는 위로는 과연 어떤 것일까요? 궁금하지 않으세요? 한 아이의 아버지이자, 한 여자의 남편, 그리고 아버지 이전에 남자인 그들의 이야기 말입니다.

당장에 돈이 없어 현금서비스를 이용하고, 아들에게 로봇을 사주기 위해 하루 번 돈을 모두 쏟아 부어야 하며, 더럽고 치사해도 직장에서 살아남기 위해 허리를 굽실거려야 하는 우리 주변에서 흔히 볼 수 있는 평범한 남자들의 이야기. 잘 나가고 돈 많은 그런 남자들이 아닌 그냥 가족만을 위해 살지만 가족에게 늘 미안해하는 남자들의 이야기입니다.

남편은 오늘 무척 피곤한 몸을 이끌고 집에 들어왔지만, 토끼 같은 두 녀석과 여우같은 마누라 앞에서는 피곤한 모습대신 자상하고 재미있는 아빠가 되어줍니다. 키가 커서 잘 보이지 않지만, 하나씩 돋아나는 새치 머리카락이 느는 것을 보면 이상하게 어깨도 더 축 쳐져 보이는 것 같습니다. 대부분의 남자들이 다 그렇겠지요? 그런 남편에게, 대한민국의 지친 남자들에게 힘이 되어 주고 싶어서 이 책을 집필하게 되었습니다. 적어도 그들의 마음을 알고 있는 사람이 있다는 것을 알려주고 싶은 마음입니다.

이제 그들을 초대한 삶에 지친 남자들에게 위로가 되어주길 바라면서 이야기를 시작해 보려합니다. 함께 울어 주실 수 있나요? 함께 웃어 주실 수 있나요? 부디 뜨거운 가슴을 느낄 수 있기를 바랍니다.

_ 나상미

목
차

남자, 존재의 이유가 궁금할 때

결혼이란 인생에서 가장 아름답고, 인간을 향한 끝없이 경건한 투신이지만

그것은 동시에 가장 인내와 희생을 요구하는 장거리 경주다.

— 송봉모 신부 —

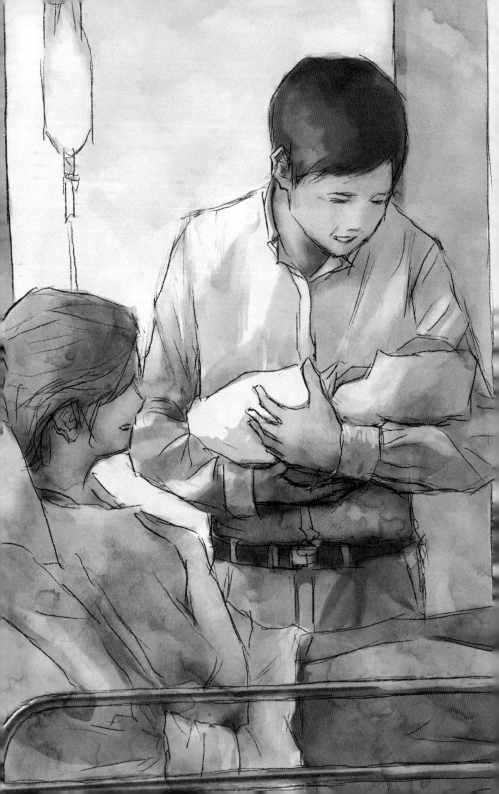

scene.1
결혼, 남들 다해서 나도 했다.

"이야! 이 등골 좀 봐! 소고기는 등골을 먹어야 한 마리 다 먹는 것과 같대. 이거 엄청 비싼 건데…."

"그래? 어서 먹자고. 아줌마 서비스 고마워요!"

"식당에서나 대접 받지, 집에서는 마누라한테 소 등골은 커녕….."

"그러게 말이야, 마누라 하고 새끼들이 내 등골을 쪽쪽 빨아먹어서 나는 등골도 없을 거야. 영양가 하나도 없는 사람이 돼버렸어."

"허허허. 그래도 자네는 처자식 딸랑 둘이지만, 나는 다 해서 셋이네. 번데기 앞에서 주름 잡지 말란 말이야."

"나는 누가 결혼한다고 하면 그냥 혼자 살라고 하고 싶어. 늙으니깐 더 그러는 것 같아."

"어 이 사람 보게나. 자네가 결혼을 해봤으니 그런 말을 하는 거지, 결혼 안 한 사람이면 당연히 결혼 해보고 싶지 않겠나? 그래도 나는 해도 후회, 안 해도 후회라면 결혼 해보고 후회 하겠네."

영식은 오십이 된 기념으로 오랜만에 친구들과 식당에서 모임을 가졌다. 그들은 거나하게 술이 취해 신세한탄을 늘어놓기 시작했다. 결혼 후 생긴 처자식이라는 존재들로 인해 등골은 쪽쪽 빠지고 늘 어깨가 처져 허리를 펼 수 없다는 신세한탄과 함께….

영식은 스물여섯의 나이에 지금의 아내와 결혼을 했다. 당시에는 결혼을 위한 빠른 나이가 아니었다. 지금처럼 이리재고 저리재서 하는 결혼이 아닌 마음만 맞으면 당장에 살림부터 차릴 정도로 사랑이 우선이었다는 것이 맞는 것 같다.

영식의 결혼은 그리 순탄치만은 않았다. 그 시대 나름 엘리트였던 영식이었고, 부모는 며느리 욕심으로 영식의 아내를 못 마땅해 했기 때문이다. 하지만 물 불 가리지 않고 사랑 하나만을 좇아 지금의 아내와 결혼하게 됐다. 지금도 그때 생각만 하면 꺼져있던 가슴의 설렘이 가끔씩 가슴팍을 노크라도 하듯 쿵쾅거린단다. 그만큼 영식은 아내를 사랑했고, 그 마음이 나이가 먹어서도 변치 않으리라 확신했다. 그러나 남들이 뭐라고 하던, 자신들의 사랑은 변함이 없을 거라는 자신감은 점점 꺼져가는 촛불처럼 흔들리기 시작했다. 바로 그때부터….

"축하드립니다. 어여쁜 공주님입니다."

첫 아이를 낳았을 때, 분만실에서 나오는 간호사의 첫 마디는 아빠가 된 기쁨을 처음이자 마지막으로 느끼게 해줬다. 분명 아빠가 됐다는 사실로 매우 기뻤다. 하지만 아빠가 된 정확히 삼일 후부터 아무 준비도 하지 못한 채 아빠가 된 사실에 기쁨은 잠시, 피곤함의 연속이었다. 밤낮 가리지 않고 울어대는 아이와 힘들다고 짜증부리는 마누라였다. 덕분에 제대로 된 밥을 얻어먹기는커녕, 주방에 한 솥 끓여놓은 미역국을 먹기 바빴다.

아이가 태어나자, 들어가는 돈은 왜 이리 많아졌는지 월급 받아오기가 무서울 지경이었다. 첫 아이를 낳은 마누라는 아이에게 해 주고 싶은 것이 왜 그리 많았는지 남편 옷 한 벌 살 생각은 하지도 않고 늘 아이 옷부터 살 생각만 했다. 그런 과정 속에서 점점 영식은 한 집안의 가장이었지만, 무늬만 가장인 신세가 돼버렸다.

영식의 아내는 하루 종일 지친 육아 덕분에 영식에게 등을 돌려버린 지 오래였고, 영식은 어디 한 군데 설 곳 없는 처량한 신세가 됐다. 이 모든 게 결혼이라는 과정의 결과물이라는 생각에 한참을 힘들어했다. 그 후로 둘째가 태어나고, 영식의 처는 연애시절의 상냥함 대신에 억센 아줌마가 돼 영식을 들들 볶기 시작했다.

"여보, 아이들 옷 좀 사야하는데?"
"이번에 보너스 언제 들어오지요?"
"주말에는 좀 잠 좀 그만자요!"

15

"청소 좀 하게 발 좀 들어 보라고요!"

"아직 저녁도 못 먹었어요? 좀 먹고 들어오지!"

"생활비가 좀 모자를 것 같아요. 용돈 좀 줄여야겠어요."

"아이들 학원비 내야하는데…."

한 가정의 가장으로서 영식은 가족의 생계와 교육비를 위해 당연히 해야 하는 일이라고 생각했다. 많이 벌어 오진 못해도 자신의 용돈을 줄여서라도 남들 하는 만큼은 해주고 싶었다. 그래서 아내가 요구하는 것 다는 아니더라도 어느 정도는 맞춰주고 싶었다. 이뿐만이 아니었다. 어느 순간부터 아내와의 대화는 주로 새끼들 이야기, 그리고 돈에 관한 이야기가 돼버렸다.

결혼 전에는 마치 이슬만 먹고 살 것 같은 아내는 어느 순간부터 입에 욕을 달고 살기 시작했고, 언제나 상냥할 것 같았던 아내의 얼굴은 늘 다크서클이 턱 밑까지 내려와 있었다. 분명 영식뿐만 아니라 그의 아내도 매우 힘든 결혼생활을 하고 있었다. 점점 커가는 아이들에게 들어가는 돈은 기하급수적으로 늘어났다. 은행대출이 없었더라면 아마도 루저 아빠가 돼버렸을지 모를 일이다. 그러니 나이 오십에 자신의 처지가 얼마나 처량하게 보이겠는가?

대한민국 남자의 대부분은 결혼 후 짊어져야 하는 의무감과 책임감이라는 짐이 그들의 어깨를 짓누르고 있다고 생각한다. 그래서 나이가 들수록 키도 작아지고 살도 축축 처진다고 한다. 더러워도 힘들어도 지쳐도 한 집안의 가장이니 소주 한 잔으로 버티며 산다고 한다. 그래서 대한민국 남자들이 가장 좋아하는 술이 소주일지도 모른다. 유일하게 친구가 돼주는 소주인데, 소주 한 잔 걸치고 집에 들어가면 마누라와 새끼들이 술 마시고 들어왔다고 타박이나 하니 어디에 대고 하소연을 한단 말인가? 그렇다면 그렇게 힘든 짐을 안겨주는 결혼을 왜 했을까?

"나는 결혼을 스물다섯에 했어. 그때는 빠른 나이가 아니었지. 지금 내 나이가 오십이니까 그때는 딱 적당한 나이었어. 돈 한 푼 없이 뭘 믿고 결혼하겠다고 그랬는지 그때는 젊음 하나로 밀어 붙였던 것 같아. 우리 마누라도 뭐 돈 없다고 싫다고는 안했으니 결혼 한 거겠지. 글쎄 그때는 왜 그렇게 결혼이 하고 싶었을까? 그 당시에는 결혼을 하지 않으면 부모가 이상한 사람 취급을 받았던 것 같아. 남들 다 하는 거 못하면 당신 아들이 어디 모자란 데가 있나 사람들이 그렇게 생각했거든. 그래서 만나는 여자만 있으면 그냥 당장 결혼 시켰지. 불타는 사랑은 개뿔, 불타는 사랑 생각하면 연애만 해야지 결혼하면 안 되지. 물론 사랑이 있어야 결혼하지, 사랑 없이는 가족이 될 수는 없어. 하지만 연애시절의 불타는 사랑 같은 것은 결혼 이후에 진정한 가족 사이에서는 어울리지 않아. 가족은 애잔한 사랑과 존경이 우선되어야 하는 것 같아. 부부의 사랑은 또 다른 느낌의 사랑이야. 난 그렇게 생각해."

　오십 줄에 들어선 중년의 남자는 결혼에 대해 이렇게 말했다. 그리고 그는 먼 산을 바라보며 계속해서 말을 이어갔다.

　"결혼이라는 것은 어떻게 보면 남자에게 많은 짐을 주는 것 같아. 가족이라는 울타리에서 받는 위안과 안식도 있지만, 사실 남자에게는 어깨에 무거운 짐을 얹는 것과 같을 수도 있어. 결혼과 동시에 남자는 한 가정의 가장이 되거든. 그리고 아이를 낳으면 한 순간에 처자식을 먹여 살려야 하는 중차대한 역할을 맡는 거지. 몸이 아파도, 힘들어도 가족을 부양해야하는 이유가 있기 때문에 참고 일 하는 거야. 돈을 벌어야 하니까. 그래서 요즘 남자들은 결혼을 안 한다고 하더라고. 어떻게 보면 현명한 선택일 수 있어. 결혼하지 않고 자기가 하고 싶은 일, 배우고 싶은 것들 하며 살아도 괜찮은 것 같아. 하지만 우리 세대는 달랐지. 남들 다하는데 안하면 이상해서 해야 하는 것이었고, 또 당연히 해야 되는 거라 여겼으니 말이야. 그렇다고 결혼을 후회하지 않아. 결혼을 했기 때문에 남편도 됐고 아빠도 됐잖아. 마누라는 몰라도 새끼들은 천금보화를 갖고 와도 못 바꾸지. 허허. 정말 해도 후회, 안 해도 후회 되는 게 결혼이야."

　사오십대의 중년들은 결혼 후 많은 짐을 지며 산다. 결혼만 하면 일이 술술 잘 풀릴 것 같고, 내 맘대로 할 수 있는 일들이 많아지리

18

라 생각한다. 하지만 생각과는 다르게 내 맘대로 할 수 있는 일은 점점 찾아보기 힘들게 됐다. 그리고 먹여 살려야 하는 처자식이 줄줄이 있어 아파도 아프다 말도 못하고, 힘들어도 힘들다 말도 못하고 하루 24시간을 48시간처럼 부지런히 일하는 중년들이 늘고 있다.

남자로 태어난 것이 아빠가 된 것이 무슨 죄 이기에 대한민국 남자들은 이렇게 하루하루를 힘들게 버티고 있을까? 마치 자신의 몸무게보다 몇 배는 더 나갈 것 같은 짐을 어깨에 한 가득 메고 겨우겨우 버티는 당나귀처럼 말이다. 하지만 그들은 알고 있다. 중년이 돼 더 쓸쓸해지고 더 외로워지면서 결혼이라는 울타리가 그들에게 힘이 돼 줄 수 있으리라고 그들은 믿고 있다.

비록 힘들고 지치지만, 남자로 태어난 죄로 가족의 생계를 도맡아야 하지만 결혼이라는 하나의 관문으로 그들은 진정한 남자가 됐고, 아버지가 됐다.

"결혼이란 남자의 자유를 걸고 여자의 행복을 거는 것과 같다."

마담 드 류우Madame de Rew는 결혼에 대해서 이렇게 정의했다. 그만큼 결혼은 남자에게 자유를 뺏어가고 무거운 짐을 얹어주고, 여자는 자유를 뺏긴 남자에게 행복을 바라는 것 같다. 그렇다고 결혼을 후회하지 않는다. 이 모든 것이 가족을 위한 일이기 때문이다.

가족을 생각하면 힘이 불끈불끈 솟는다. 그때처럼 다시 일어날 수 있을 것 같다. 이십대의 그때처럼….🐾

scene.2
돌아가고 싶지 않지만, 그리운 20대가 있었다.

　요즘 한창 초콜릿 복근이 유행이다. TV나 인터넷 매체를 통해 초콜릿 복근을 가진 남자들을 많이 접할 수 있다. 얼마 전까지만 해도 연예인들의 전유물이라고 여겨졌던 그것은 직업과 나이를 불문하고 유행이 돼버렸다. 마치 초콜릿 복근을 만들기 위해, 반팔 티셔츠가 터질 것 같은 팔뚝 근육을 만들기 위해 소리 없는 전쟁을 치르는 것 같다.

　승현은 올해 마흔다섯이 됐다. 어느덧 두 아이의 아빠가 됐고, 여전히 같은 마누라와 18년을 살았다. 참으로 기특하단다. 그는 지금의 아내를 만났던 날을 생각하며 얼굴에 미소를 머금었다. 그냥 가만히 있어도 팔뚝에 근육은 불끈불끈 솟고, 초콜릿 복근은 빨래판처럼 조각이 예술이었다고 했다. 키가 좀 작아 마이너스였지, 다른 것들은 모두 A플러스 등급이래도 틀린 말이 아니란다. 그때는 무슨 말만 하면 여자들이 픽픽 쓰러질 정도로 인기가 많았다며 허풍 반, 거짓 반을 섞어 입가에 침이 고이게 이야기를 했다. 그 쓰러졌던 여자들 중 한 명이 지금의 마누라라며 "우리 마누라 복 받은 여자야"라는 말을 계속해서 반복하기 바빴다. 그런데 갑자기 신나게 말을 하던 그가 괜한 한 숨을 쉬며 거울을 바라본다. 거울에 비친 자신의 모습을 보며 한숨만 픽픽 쉬는 모습에 내가 물었다.

"멀쩡하게 얘기하다 왜 그래요?"

"상미야! 이것 좀 봐봐! 나 배 나온 것 좀 봐봐!"

"그러게요. 아니 이십대의 전성기였던 그 빨래판 복근은 어디가고 상태가 그 모양이라?"

"야! 이정도면 그래도 양호하지. 아이씨…. 이게 다 술 배야! 그래도 내가 아직은 살아 있어!"

"술 핑계 대지 말고, 운동해요. 운동!"

"운동? 오늘부터 당장 헬스클럽 다녀야겠다. 안 되겠어. 맞다. 그런데 헬스클럽 다니려면 운동화가 있어야 하잖아. 빨리 운동화부터 주문해야지!"

그런 그는 바로 인터넷 쇼핑을 하기 시작했다. 마치 운동화를 사기만 해도 지금의 축 처진 뱃살이 빨래판으로 바뀔 것 같은 생각을 했는지 인터넷 서핑을 통해 눈 운동을 먼저 하고 있었다. 눈은 절대 축 처질 것 같지 않을 것처럼 말이다. 다행이다. 처지는 뱃살대신 그래도 눈가는 살아있으니 말이다. 하지만 그가 그 후로 헬스클럽을 다녔는지는 확인되지 않았다.

하루는 사무실 직원들끼리 등산을 했다. 나이는 20대에서 50대까지 가지각색이었다. 시작하기 전 무거운 짐은 모두 20대의 젊은 놈들에게 모두 맡겼고, 나머지는 가벼운 옷차림으로 오르기 시작했다. 내가 여자로서 남자들과 생활하며 느낀 것이지만, 남자들은 자존심이 무지 강하다는 것을 알았다. 그 중 힘, 체력에 대한 자존심은 하늘을 치솟는다. 산을 오르는데 처음에는 다들 "아이고. 별거 아니고만. 이정도야 뭐. 허허허"하며 숨이 차도 차지 않은 것처럼 큰 웃음소리 뒤로 숨을 헐떡이며 산을 올랐다. 그런데 시간이 흐를수록 선두그룹과 뒤처지는 그룹은 확연히 차이가 나기 시작했다.

처지는 그룹은 또 다시 숨을 헐떡거리며 "등산을 누가 하자고 한거야? 에잇, 참석하는데 의미를 두는 거지. 뭐!"라며 스스로를 합리화시키기 바빴다. 선두그룹은 아무래도 젊디젊은 이십대의 청년들. 어른들이 장난삼아 얘기하는 '돌도 씹어 먹을 나이'의 남아도는 힘의 상징 이십대의 총각들이었다. 산을 마치 평지를 달리는 것처럼 뛰어가는 모습을 보고 중년의 자신들은 서로에게 담배를 하나씩 권하는 일 외에는 아무 것도 하지 못했다.

"나는 젊었을 때는 저것보다 더 산을 잘 탔어."

"그럼 저것들도 나이 들어봐. 지네들은 뭐 안 늙을 것 같아?"

"세월을 이길 수 있는 사람이 어디 있어. 나이가 들면 다 그런 거지. 누굴 탓해?"

"김밥이나 먹어. 저것들은 젊어서 먹는 것도 엄청 먹어. 지금 안 먹으면 한 개도 못 먹는다니까."

중년들은 모여서 유일한 친구인 담배 한 개비씩을 태우며, 예전 20대였던 자신들의 모습을 회상하기 시작했다. 모두 모여 책으로 열 권을 써도 모자랄 그들의 전성기는 마치 드라마에서나 봤을법한, 혼자 듣기 아까운 이야기였다.

"난 솔직히 다른 것은 하나도 안 부러운데, 젊음이 참 부러워. 우리가 저들보다 못한 게 어디 있어. 돈이 지들보다 없어, 인맥이 모자라. 마누라가 없어? 새끼가 없어? 그렇지만 제일 중요한 젊음은 저들을 따라할 수가 없잖아. 나도 열정이 넘쳤던 이십대가 있었어."

그들의 신세한탄과 이십대의 그리움, 그리고 서로에 대한 위로는 담배 한 개비와 맥주 한 캔, 김밥 한 줄만이 함께 해줄 뿐이었다. 아직 오지 않은 중년의 세계를 누가 알겠는가. 아직 겪어 보지 못한 중년의 세계를 어디서 논하겠는가. 단지 아는 사람만 함께 할 뿐이었다.

실제로 나는 페이스북Facebook에서 친구를 맺은 삼십대 이후 남자들을 대상으로 작은 설문조사를 해봤다. 설문조사의 질문은 바로 "이십대가 그리웠던 적이 있는지, 있었다면 언제 그랬는지"에 관한 내용이었다. 페이스북 친구가 그리 많지는 않지만, 꽤 많은 친구들이 댓글로 자신들의 의견을 보여줬다.

"체력이나 열정이 예전 같지 않을 때, 항상 이십대가 그리워요."

"전 늘 그리워요. 이십대로 돌아가서 건강 챙기려고요."

"별로 그립지 않아요. 지금이 더 나아요."

"건강이죠. 그땐 몸뚱이가 쓸 만했는데, 뻣뻣하고 맘에 안들 때."

"겁 없던 모습이 그리워요."

"이십대로 돌아가기 싫어요. 그땐 소주 값도 제대로 가진 적이 없었어요."

"꼭 되고 싶었던 꿈을 이루고 싶어요."

"물 불 안 가렸던 이십대로 돌아간다면, 방황하지 않고 잘 살아 보고 싶어요."

"이십대로 돌아간다면 확 죽어버리고 싶어요."

"해외여행이나 국내여행을 많이 다녀보지 못한 게 후회됩니다. 결혼 하고 나니, 가족이 걸리고 돈이 걸려서 마음만큼 되지 않아요."

생각했던 대답이 나오기도 했지만, 생각하지 못했던 황당한 이야기도 많이 볼 수 있었다. 그리고 많은 이들이 "이십대가 그립지 않다", "돌아가고 싶지 않다"고 말을 했지만 체력의 한계를 느꼈을 때는 이십대가 그립다는 말을 했다. 그건 나 역시 인정하는 바다. 비록 여자이지만 나이가 먹어감에 따라 어깨, 허리에서 삐그덕 거리는 소리를 들으면 젊음이 그리울 때가 있었다. 그런데 하물며 힘과 체력에 대한 자존심이 강한 남자들에게 그 젊음이 왜 부럽지 않겠는가. 그리고 결혼과 동시에 시작되는 생계부양자로서의 역할을 위해 자신을 위한 어떤 것에 투자하는 것이 그리 쉽지 않아 보였다. 해보고 싶었던 꿈을 다시 이뤄보고 싶고, 가보지 못한 여행을 아무 구애 없이 훌쩍 떠나고 싶은 마음도 엿볼 수 있었다.

나는 남편에게 똑같은 질문을 해봤다. 이십대가 그리웠던 적은 없었는지, 언제 그랬는지에 대해서. 그리고 은근히 지금이 더 행복하다고, 이십대가 그립지 않다고 말해주길 바랬다. 하지만, 내 남편도 그냥 평범한 남자였던 모양이다. 생각할 시간도 없이 바로 대답하기 시작했다.

"내 마음대로 여행 다니고 싶을 때, 내 마음대로 영화보고 싶을 때, 누구에게 구속되지 않고 내 마음대로 무언가를 하고 싶을 때."

남편은 내 질문이 끝나기 바쁘게 마치 준비라도 한 것 처럼 읊어대기 시작했다. 그 답을 들으면서도 선뜻 "하고 싶은 거 있으면 해봐!"라는 말을 하지 못했다. 아마 대한민국 아내들은 모두 같을 것이다.

그러니까 이십대를 그리워하는 남편들이 생기는 것이 아닐까?

이십대의 청춘, 누군가는 그랬다. 몇 번을 흔들려도 버틸 수 있는 힘이 바로 '청춘'이라고. 어정쩡한 청춘이지만, 어느 누구에게나 대접받지 못한 청춘이지만 그리운 청춘이라고. 사실 청춘은 가고 싶다고 돌아 갈 수는 없다. 하지만 돌아가고 싶지 않다고 한다. 위 페이스북 설문조사 댓글에서 볼 수 있듯이 경제력이나 성과 때문에 돌아가고 싶지 않다고 한다. 중년들의 남성은 힘든 과정을 다 거친 어느 정도의 경제력을 가진 사람들이 많다. 풋풋한 냄새가 폴폴 나는 청춘들은 그 만큼의 경제력을 기대하기 힘들다. 그 동안 이루어 놓은 결과물 그리고 이제 좀 살만한 상황은 비록 몸뚱이가 제대로 말을 듣지 않지만, 이십대의 힘들었던 시절로 다시는 돌아가고 싶지 않은 것이다. 돌아가고 싶지 않지만 그리운 적은 있다. 아니 그립다. 혈기 넘치는, 겁 없이 달려드는 청춘들을 보면 이십년 전의 청춘이 그리울 때가 있다.

돌아가고 싶지 않지만 그리운 이십 대를 겪은 남자들이여. 그래도 그대들은 청춘대신 관록이 있지 않은가.

"청춘이란 인생의 어느 기간을 말하는 것이 아니라 마음의 상태를 말한다. 그것은 장밋빛 뺨, 앵두 같은 입술, 하늘거리는 자태가 아니라 강인한 의지, 풍부한 상상력, 불타는 열정을 말한다. 청춘이란 인생의 깊은 샘의 청신함을 말한다."

26

_『청춘』사무엘 울만Samuel Ullman

  나이를 먹었지만 어떻게 생각하느냐에 따라 청춘일 수 있다. 그러니 마음만은 청춘이라고 우겨보는 것은 어떨까?

  누군가 그랬다. 떨어지는 것에 눈물이 나는 것은 나이 때문이라고. 그 떨어지는 것이 낙엽이던, 머리카락이던, 기억력이던 나도 눈물이 난다. 떨어지는 내 기억력과 체력에….

  젠장 나이만 먹어간다.

scene.3
유일한 희망이자 행복, 로또

"지금 몇 시야? 아이고 깜빡 할 뻔 했어!"

"왜? 뭐 좋은 거 나오나?"

"아이고, 생각하고는. 오늘 로또 사야한단 말이야!"

"아 그렇지! 로또 사야하는구나. 빨리 가자고!"

"아니, 저번 주에 좀 됐어?"

"되기는 개뿔, 됐으면 내가 출근 했겠어? 겨우 오천 원짜리 하나."

"그래도 본전은 했구만. 나는 꽝이야!"

"이번에는 꼭 될 거야. 꿈을 잘 꿨어!"

매주 월요일이 되면 로또 살 생각에 들뜬 모습을 하고 있는 상현과 기원이 있다. 이들은 매주 같은 금액의 로또를 주기적으로 구입하고 있다. 그리고 이 로또복권을 가지고 추첨하는 날까지 많은 행복과 희망을 가지고 일주일을 보낸다. 마치 로또복권이 이들의 유일한 행복인 것처럼 말이다.

"로또만 되면 모든 게 끝나는데 말이야. 드럽고 치사한 이놈의 직장도 때려 치울거야. 아니, 그냥 계속 다닐까? 어차피 노느니 용돈벌이라도 하면 되잖아. 그리고 그놈의 대출도 자랑스럽게 현금 들고 가서 갚고. 아, 맞다. 먼저 차를 바꿔야겠어. 차는 말이지 남자의 자존심이잖아. 저놈의 똥차 빨리 청산하고 싶어. 그리고 또 뭐를 해야 하나. 마누라는 못 바꾸니 그대로 두고. 허허허."

상현은 매주 월요일 로또복권 두 장을 찍어, 고이고이 지갑에 모셔놓는다. 그리고 먼 하늘을 바라보며 로또가 되면 해야 할 일을 마법의 주문을 외듯이 중얼거린다. 그런데 중요한건 상현의 이 행동은 늘 월요일에 로또를 사고 추첨하는 토요일까지 이어진다는 것이다. 한 마디로 로또복권 하나가 일주일 동안 그에게 희망과 행복을 선사해주는 것이다.

"내 꿈이 뭔지 알아? 로또 당첨 되는 거야!"

하지만 그의 꿈은 토요일이 되면 산산이 부서져 버린다. 당연히 당첨은 물 건너갔기 때문이다. 일주일동안 꿈꿔왔던 모든 행복들이 단지 5분간의 추첨시간에 저당 잡혀 버린 것이다. 하지만 그는 실망하지 않는다. 또 다시 월요일이 되면 로또복권을 살 수 있기 때문이다. 그리고 그는 다시 먼 하늘을 보며 행복한 웃음으로 중얼거리며, 토요일을 기다린다. 그에겐 로또 외에는 희망을 걸어보고 싶은 대상이 없는 모양이다.

나도 로또복권을 사본 적이 있다. 좋은 꿈을 꾸거나, 그냥 사고 싶을 때 구입하는 것이 전부였기에 열 번 정도 내외로 구입을 해본 것 같다. 나 역시 로또를 사는 동시에 복권이 당첨되면 무엇을 할지 혼자서 온갖 계획을 구상하기도 했다. 그만큼 로또복권이라는 것은 이룰 수 없는 어떤 것, 예를 들면 부자가 되는 첫 번째 지름길이 될 수 있다고 사람들에게 여겨지게 됐다. 그래서 많은 사람들이 로또를 사고 또 당첨되기만을 기다리고, 당첨되지 않아도 또 사는 것 같다. '인생한방'을 위해서…. '인생한방'을 좋아하는 남자가 또 한 명 있다.

"쥐꼬리만한 월급 받아서 언제 돈을 모으겠어. 또 언제까지 이 지긋지긋한 직장을 다녀하는 건지…. 사실 사람이 사는데 돈 만큼 중요한 게 없잖아. 아무리 사랑이고 우정이고 의리고 하지만, 모두 돈이 있어야 가능한 이야기들이야. 점점 세월이 흐를수록 사람들은 돈이라는 소용돌이 속에서 빠져나오지 못 할거야. 돈이 많던 적던 말이야. 그래서 나도 로또를 사는 거야. 당첨이 될지 안 될지 아무도 모르지만 또 알아? 당첨 될 수도 있는 거잖아. 그러면 지겨운 직장 안다녀도 되고 남 눈치 보며 살지 않아도 되거든. 그리고 마누라한테 큰소리 빵빵 칠 수 있잖아. 또 새끼들은 아빠를 얼마나 좋아하겠어. 돈 없어봐. 아무리 새끼들이라도 나몰라 하더군. 돈이 효부, 효자, 효녀 만드는 거야. 아, 정말 인생한방이라는 실리콘밸리는 이룰 수 없는 것일까? 당첨되지 않아도 즐거워. 일주일이 즐겁잖아."

그에게도 로또복권은 희망이자 행복이었다. 로또에 당첨되는 상상을 하며 즐거워하고 행복해 하는 그의 얼굴을 보며 난 잠시 이런 생각을 해봤다.

"유독 로또를 구입하는 사람, 그것도 주기적으로 꾸준히 구입하는 사람은 여자보다 남자들이 많다. 그것도 젊은 남자보다 서른 중반부터 마흔을 넘어 오십이 넘어서까지 다양하다. 왜 특히 중년의 남자들은 로또복권에 희망을 걸고 행복을 이야기 하는 것일까?"

내 이런 생각에 대한 답은 하나였다. 바로 그들에게는 희망과 행복을 말하고, 걸 수 있는 대상이 없다는 것이다. 행복을 느끼고, 희망을 가지게 하는 수단이 없기에 그나마 매주 살 수 있는 로또복권에 행복을 이야기 하고 있을지도 모른다. 내 이런 생각을 증명이라도 하듯 사무실에서 같이 일하는 어느 직원은 나에게 이렇게 말했다.

"상미야! 너도 그러겠지만 결혼하고 직장생활하면서 아이들한테 볶이고 사는데 솔직히 무슨 낙이 있겠니? 그렇지 않아? 같은 직장을 20년 이상 다니니 늘 같은 일, 같은 일상을 겪으며 살고 있잖아. 솔직히 재미가 없어. 직원들하고 같이 모여서 담배 한 개비, 술 한 잔 하는 것이 유일한 낙이잖아. 남자들은 그래. 그런데 그마저도 마누라 눈치에, 새끼들 눈치에 제대로 할 수도 없거든. 젊었을 때는 젊음 하나로 밀어붙이며 사는 거 하나만으로 재미있고 행복했지. 매일 매일이 늘 판타지였거든. 돈만 좀 없었을 뿐이지, 옆에서 잔소리하는 마누라가 있기를 하나, 돈 달라고 보채는 새끼들이 있기를 하나, 많이 자유로웠어. 지루할 틈이 없었거든. 그런데 결혼하고 나서 새끼들 낳고 아웅다웅 키우며 살다보니, 지금 나한테 남은 것이 나이와 뱃살, 주름살밖에 없더라고. 나이 먹어서 뭘 다시 해볼 생각은 당연히 못하고 말이야. 나이 들고 힘이 없어지니 그래도 돈이라도 있어야 힘을 내볼 거 아니냐. 너도 알다시피, 남자에게 돈은 곧 힘이거든. 그런데 마누라한테 돈 달라고 하면 돈 주냐? 욕만 먹지. 그래서 로또복권에 의지하게 되는 거야. 당첨만 되면 힘이 생기는 거잖아. 그래서 추첨 하는 날까지는 늘 행복해. 내 마음대로 인생을 설계할 수 있으니까. 그리고 낙이 없는 일상에서 행복과 희망이 보이니까."

이렇게 말하고는 별안간 어딜 급하게 나가기 바쁘다. 그가 가는 곳은 바로 복권 가게였다.

남자나 여자나 시간이 흐를수록 같은 일상에서 낙을 찾는다는 것은 쉬운 일이 아니다. 같은 일을 반복하는 삶에서 일탈하고 싶은 마음이 생기는 것 역시 당연하다. 그리고 남자들에게 그런 모습이 더 많이 발견되는 것은 어쩌면 예고된 결과였을지 모른다. 아이들은 커 가면서 아빠보다 엄마의 편에 서게 된다. 그리고 그런 아내는 아이들을 내세워 가정에서의 입지를 더 단단히 굳히기에 들어간다. 자연스럽게 아빠라는 존재는 가정에서는 힘없는 아빠로, 직장에서는 축 처진 뱃살을 가진 중년으로 점점 후퇴해 버린다.

그렇다면 이 남자들은 대체 어디서 행복을 찾을 수 있을까? 당장에 힘이 좋은 아빠가 될 수도 없고, 돈 많은 아빠가 될 수도 없는 노릇 아닌가. 갑자기 축 처진 뱃살을 초콜릿 복근으로 만들 수도 없는 노릇이다. 돈 들여서 성형이라도 하란 말인가? 백화점에 가서 허리바지 대신 골반바지를 사서 입으란 말인가? 그렇게라도 하고 싶지만, 젠장 돈이 없다. 먹고 죽을 돈도 없는데 쓸 돈이 어디 있겠나…. 그래서 로또에 인생을 건다. 쓸 돈이 없어서 인생한방을 위해 로또에 건다. 행복과 희망을 느낄 수가 있는 곳이 없어서, 뭐가 행복이고 희망인지 물어보는 사람이 없어서 로또에게 그 길을 물을 뿐이다. 잠시라도 행복하게 해달라고. 누구도 알아주지 않은 내 바람을 들어달라고. 그들이 말을 건다.

유일한 행복이자 희망인 로또복권에게. 🐾

scene.4
지금, 나는 행복한 사람인가?

어떤 잡지에서 요청한 서면 인터뷰 질문 내용 중, 이런게 있었다.
"상미님의 행복은 어떤 것입니까?" 이 질문에 대한 내 답은,

"늘 희망과 힘이 되어주는 가족과 나를 위한 꿈이 있으면 행복합니다."

정말 내 기준에서는 이랬기 때문에 그렇게 대답했다. 그런데 내 주위에서 이 문구를 보던 시커먼 남자들은 하나같이 이렇게 말했다.

"행복은 개뿔, 행복이 어디 있어?"
"행복은 로또밖에 없다니까. 돈이 최고지."
"나 원 참, 왜 그러니? 상미가 아직 어려서 그래."
마치 내가 입에 발린 소리를 하고 있다고 하나같이 그렇게 생각했

던 것 같다. 그들에게는 행복이라는 단어가 어색했던 모양이었다. 물론 행복은 로또라고 생각하는 사내들이 내 고귀한 행복의 정의를 이해하겠는가 말이다.

오늘 친정아버지의 입원소식을 들었다. 친정과 거리가 워낙 멀다 보니 일 년에 두 번 정도 가는 것도 꽤 어려운 일이 돼버렸다. 그런데 오늘 엄마와 통화를 하다가 '아버지가 며칠 전에 입원을 했다 오늘에서야 퇴원을 했다'는 소식을 들었다. 이유 없는 복통으로 응급실행을 두 번이나 하시고 급기야는 입원을 하셨단다. 지금은 다행히 퇴원을 하셨지만 며칠 동안 혼자 병원에서 지냈을 생각을 하니 가슴이 미어졌다.

아버지의 왼다리는 오른다리보다 가늘다. 원래부터 그렇게 태어난 모습이 아닌 척추 협착증으로 인해 왼다리가 제 기능을 못한지 거의 15년 정도 됐다. 처음에는 그리 심하지 않았지만, 가면 갈수록 가늘어지더니 지금은 절뚝거리며 걸음을 걸으신다. 안 그래도 작으신 키가 더 작아지고 절뚝거리는 다리 때문인지 왼쪽 어깨도 더 처지신 듯하다. 그런 아버지의 증상은 더욱 심해지기만 할뿐 호전될 기미는 전혀 보이지 않는다. 다만 통증이라도 없게 약을 먹는 일이 최선이 돼버렸다.

아버지는 그릇공장에서 가마지기를 하셨다. 그릇을 만들어 가마에 넣고 불을 넣고 빼는 일을 하셨다. 한 여름에는 온 몸에 땀띠를 안고 사실정도로 뜨거운 불 앞에서 당신의 일을 열심히 하셨다. 오로지 처자식을 먹여 살리기 위한 하나의 목표를 위한 것이었다.

아버지는 꽤 성실하셨지만 욱하는 성격이 있으셨다. 그래서 맘에 들지 않는다는 이유로 상사와 대판하고 공장을 그만두셨다. 순간 실업자가 돼버린 아버지는 엄마와 우리 삼남매에게 쓸모없는 존재로 여겨졌다. 사실 아버지였지만, 그런 아버지가 많이 미웠다. 다행히 우리의 염려를 뒤로 하고 아버지는 새로운 직장에 취직 하실 수 있었다. 바로 청소부로 말이다. 청소부였지만 시청 계약직공무원이었고, 공무원이라는 자부심에 열심히 일을 하셨다. 우리 삼남매가 커가면서 아버지의 어깨가 더욱 무거워졌지만 새벽에 일어나 청소를 하시고 점심때 퇴근하고 들어와서 한 숨 주무신 후, 일하시는 엄마를 대신해 살림도 도맡아 하셨다.

아버지가 가끔 술을 드시고 오는 날이면 엄마는 온갖 인상을 다 쓰며 싫은 내색을 했다. 그런 엄마를 보고 나는 괜히 아버지를 미워했다. 전형적인 술 취한 아저씨 냄새를 풍기며 잔소리 하던 아버지가 그냥 빨리 잠들기만을 기다렸던 적이 한 두 번이 아니었다. 왜 아버지가 술을 마셨는지, 위로가 필요했는지는 중요하지 않았다. 그냥 엄마가 싫어했기 때문에, 엄마를 힘들게 했기 때문에 그냥 싫었던 같다.

아버지는 내가 스무 세 살이 됐을 때 악화된 척추협착증으로 일을 그만 두셨다. 그동안 많이 아프셨지만 가족을 위해, 처자식을 위해 참고 일을 하셨다. 그동안 가족을 위해 일하며 당신 위하는 일은 한 번도 해보지 못한 아버지. 그런 아버지가 이젠 아주 작아지셨다. 그리고 그런 아버지가 나에게 이런 말씀을 하셨다.

"상미야! 아버지는 그래도 행복하다. 몸이 아프고, 내 자신을 위한 것은 없지만 니들이 이렇게 커줘서 너무 행복하다. 이까짓 다리 한 쪽 못 쓰면 어떠냐. 아버지는 이제 살 만큼 살았는데. 그 동안 힘들게 일했어도 하나도 힘들지 않았다. 힘들게 일해서 번 돈으로 너희들 배 채워줬으니 그걸로 된 거니까 말이다. 아버지는 행복한 사람이다. 적어도 새끼들 보다 먼저 저 세상에 갈 수 있을 테니까."

아버지는 자신을 위한, 자신으로부터 나오는 행복은 느껴보지 못했다. 단지 새끼들을 위해 희생하고 아파도 참아내셨다. 우리네 아버지들은 거의 이런것을 행복이라고 느끼며 한 평생을 사셨을 것이다. 아무도 알아주지 않지만, 당신만 그것으로 행복할 수 있다면 그만 이라 여겼을 것이다.

대기업에 다니는 진석은 요즘 죽을 맛이다. 젊은 직원들 틈 속에서 살아남으려는 자신이 비굴하게 느껴진단다. 올해 마흔 다섯인 그는 젊었을 때처럼 샤프하고 빠른 일처리가 힘들게 됐다. 나이를 먹어서 인지, 컴맹이어서 인지 아무튼 예전의 모습을 찾아보기가 힘들다.

사실 혼자 몸이었다면 당장에 그만두고 싶은 마음이 굴뚝이라 한다. 하지만 한 집안의 가장으로서 책임감에 선뜻 행하지 못한다. 하루하루 같은 일상에서 느낄 수 있는 것은 나태함과 지루함뿐이다. 또 언제 퇴직권고를 받을지 모르는 두려움에 불안할 뿐이다. 하지만 그는 이 삶도 행복하다고 말한다. 일을 가지지 못한 사람들이 태반이고, 일을 하기 위해 줄을 서서 기다리는 사람들은 자신을 행복한 사람이라고 생각해주기 때문이다. 그래서 진석은 힘들어도 그들을 생각하며 위안을 얻고 희망을 가진다. 그리고 힘들어도 힘이 돼 주는 가족이 있기에 행복하다고 한다.

그런데, 이 시점에서 짚고 넘어가야 할 부분이 있다. 그럼 사무실에서 같이 일하는 속이 시커먼 사내들은 왜 '행복'을 부인하는 것일까? 분명 그들은 "행복? 개뿔"이라며 내 고귀한 행복의 의미를 무심코 져버리기 일쑤였다.

"선배님, 왜 행복하지 않다고 생각하는데?"

"어? 행복? 넌 왜 갑자기 행복타령이냐?"

"아니, 몸이 아파도 새끼들만 보면 행복하다고 우리 아버지는 그랬어. 그리고 내가 아는 사람은 삶이 재미없어도 일이 있다는 것만으로 행복하다고 했어. 그런데 하물며 새끼들도 있고 안정된 직업도 있으면서 안 행복해?"

"상미야! 그런 관점으로는 나도 행복하지. 난 겁나게 행복한 사람이야. 그런데 행복이라는 또 다른 관점에서 생각해봐. 아이들이 있어서 행복하고, 직장이 있어서 행복한 것은 스스로 행복을 찾아서 생겨난 결과물이 아니잖아. 내가 행복할 게 없으니까, 내가 만족하는 것이 없으니까 다른 수단으로 행복을 찾는 거 아닐까? 나 물론 행복한 사람이야. 여기 있는 직원들 다 그래. 그런데 한평생을 살면서 내가 스스로 이루어서 행복해지는 것도 좋지 않을까?"

　생각보다 여자는 남자보다 더 단순하다. 여자들은 비싼 가방을 사고, 좋은 옷을 사고, 예쁘다는 말을 듣거나, 살이 빠졌다는 소리를 들으면 몹시 행복해 한다. 그리고 남편이 돈을 많이 벌어오거나, 아이들이 공부를 잘하면 또 행복해한다. 생각해보면 여자들이 느끼는 행복은 심플하다. 그런데 남자들은 의외로 복잡하다. 가족이 있고 직업이 있어서 행복한 것은 당연한 행복이지만, 스스로 이루어서 얻은 결과물이 가져다주는 행복감을 더 소중히 여기는 것 같다. 예전 우리네 아버지처럼 희생과 인내로 얻은 행복보다는 이제는 그들의 존재감을 널리 알리고 싶은 일로 행복해지려 한다. 그래서 나이가 들어 자신이 원하는 일을 하는 사람들이 점점 늘고 있는지 모르겠다.
　행복, 나에게는 지금 이순간도 행복이다. 내가 하고 싶은 일을 하고 있으니 말이다. 불행이 있어야 행복을 느낄 수 있듯이 우린 양손에 불행과 행복을 함께 쥐고 있다. 어떤 걸 먼저 가질지는 아무도 모른다. 하지만 정확한 것은 하나를 먼저 가지면, 나머지 하나는 따라

오게 돼 있다는 것이다.

"그래서 선배님, 지금 행복한 거야? 안 행복한 거야? 행복하지 않다면, 집에 있는 그분께 일러준다. 행복하지?"

"아이 진짜, 행복해. 행복해. 진짜 행복해. 엄청 행복해. 죽을 만큼 행복해. 됐냐?"

에잇 모르겠다. 행복은 그냥 알아서 생각하기다. 지금 자신에게 한 번 물어보자.

"나는 과연 행복한 사람인가?"

대답은?
안 봐도 뻔하다. 🐾

scene.5
세상은 늘 참고 버티라 말한다.

　만석은 아침부터 기분이 안 좋다. 적은 나이도 아니고 나이 오십에 직장상사에게 아침부터 깨졌기 때문이다. 직장상사는 만석보다 두 살이나 어리다. 하지만 직장에서 나이는 직책을 이길 수 없다는 사실을 잘 안다. 능력 있고 든든한 빽이 있어서 일찌감치 진급을 한 상사이기에 나이가 많은 만석은 더욱 비참할 뿐이다. 그날 그 사건은 이렇게 시작됐다.

　"엊그제 지시했던 그 일은 오늘 마무리 가능한가요?"
　"아, 과장님! 아직 다 하지는 못했고, 거의 마무리 단계입니다. 빨리 하도록 하겠습니다."
　"그 일을 지시한지가 언제인데 아직 끝내지 못하셨다고요?"
　"네, 제가 일이 있어서 좀 늦었습니다. 죄송합니다. 빨리 하도록 하겠습니다.”

　다그치는 과장의 물음에 속으로는 욕을 하면서도 겉으로는 죄송하다는 말을 연거푸 하기 시작했다.

　“자꾸 이러시면 안 되죠. 한두 번도 아니고 이렇게 기한을 맞추지 못하면 뭘 믿고 일을 맡깁니까?”
　“네, 네. 죄송합니다. 지금 빨리 시작해서 최대한 빨리 끝내겠습니다. 죄송합니다.(꾸벅)”

　과장에게 좋지 못한 소리를 들으면서도, 과장 앞에서는 어설픈 웃음을 지으며 죄송하다는 말만 반복했다. 그리고 “잘 하겠다”는 말과 함께 과장실을 빠져 나왔다. 과장 얼굴을 보지 않는다는 안도감인지, 위기를 잘 모면했다는 순간의 쾌감 때문인지 등줄기에 줄줄 흘렀던 땀이 식어 갑자기 한속을 느끼기 시작했다. 과장 앞에서 무슨 말을 했는지, 어떻게 행동했는지, 그 모습은 어땠는지 전혀 기억이 나지 않았다. 그냥 자존심이 상하고 부끄러워 얼굴을 들 수 없었다. 분명 원인 제공은 만석이 한 것 같은데, 만석은 괜히 과장 탓으로 돌리고 싶은 심정이었다.

　“에이, 진짜. 드럽고 치사하네. 진짜!”

"또 왜 그러는 거야? 또 누가 만석이 심기를 건드렸어?"

"내 나이 오십에 언제까지 욕을 먹고 살아야하는지 말이야. 내가 한심해."

만석과 그의 동료는 계단 구석에서 쪼그리고 앉아 담배 한 개비씩을 나눠 가졌다. 라이터 불이 꺼질세라 손으로 바람이 들지 못하게 고이고이 라이터를 움켜잡았다. 마치 라이터 불이 자신들의 자존심이라도 되듯이 꺼지지 못하게 조심조심.

"그냥 잊어. 뭐 한 두 번이야? 그냥 한 귀로 흘리고 말아! 돈 없고 능력 없는 것도 죄야!"

"그러게 말이야. 우리 부모님은 뭐 했나 몰라. 돈 좀 많이 벌어 놓지. 그냥 참아야겠지. 그럴 때마다 화내면 난 이미 화병으로 죽었을지도 몰라."

"그런데 왜 참고만 살아야 하냐? 한 번 대들어 볼까? 허허허."

만석과 그의 동료는 늘 그랬듯이 담배 한 개비에게 위로를 받았다. 만석은 세상이 늘 참고 버티라고 하는 이 현실을 안타까워했다. 그냥 하고 싶은 대로 살고 싶은 대로 살면 안 되는 건가? 참 아이러니한 세상이다.

어느 날, 한 통의 신고전화가 걸려왔다. 신고내용은 술 취한 사람들끼리 싸운다는 신고였다. 경찰서에서 늘 있는 일이지만 제일 상대하기 싫은 사람이 술 취한 사람이다. 직원들은 바로 현장에 출동했다. 세 명의 남자들이 술을 먹고 싸우고 있었다. 물론 인사불성이 돼 무엇을 물어봐도 욕으로 대답했다. 뿐만 아니라, 자기 말에 말대꾸를 하기라도 하면 당장이라도 한 대 칠 기세로 더 난폭해졌다. 현장에 출동한 경찰관들에게도 아낌없이 욕을 퍼붓는다.

"이런 짭새 새끼들. 뭐하는 거야? 내가 누군지 알아?"

"야야! 민중의 지팡이인지, 짭새인지 조용히 해 이 새끼야!"

옆에 있던 친구로 보이는 남자가 한 술 더 떠서 경찰관의 심기를 살살 건드리기 시작했다.

"이렇게 있지 말고, 신고도 들어왔으니까 다 아는 사이면 빨리 집에 가지요."

경찰관은 술 취한 그들과 상대하고 싶지 않아 고분고분 그들을 달래기 시작했다.

"야! 네가 뭔 상관이야. 우리가 집에 가든 말든. 네가 내 애비야?"

그들의 행패는 시간이 갈수록 더했다.

"이것 보세요. 그냥 집에 가시자고요. 여기서 소란 피우지 말고 그냥 갑시다. 네?"

솔직히 경찰관이라는 직업이 아니면 이미 주먹 하나는 날렸을 법한 상황인데도 직업의식으로 그냥 참고 참았다.

경찰관의 설득으로 그들은 귀가조치 됐고, 찌든 담배와 술 냄새를 풍기던 그들과 상대하느라 지친 직원들의 모습은 이미 파김치가 돼 있었다. 사무실로 돌아온 그들의 입에서 제일 먼저 나온 말은 당연히 말 하지 않아도 알 것이다. 바로 욕이다. 하지만 나는 부드럽게 묘사하겠다. 그래도 작가니까.

"야, 진짜 내가 처자식이 있어서 참았지. 그런 욕을 듣고 멱살을 잡히면서도 내가 손 하나 안 댔어. 한 10년만 젊었어도 젊은 혈기에 어떻게 했을지 모른다니까. 어휴, 늙은 게 죄지. 경찰이라는 직업이 내 유일한 직업이니, 내 유일한 밥줄이니 참을 수밖에 없지. 진짜 진상들 엄청 많아. 우리 마누라하고 새끼들은 알까? 내가 이렇게 일하는 것을? 정말 세상이 나를 속인다. 무조건 참으라고 하니."

모든 사람들이 마찬가지일 것이다. 분명 진짜 표출하고 싶은 감정을 참아내고 참을 수밖에 없는 상황이 있다. 이성적인 판단으로 그럴 수밖에 없는 상황이란 것을 알면 다 참고 버틸 수밖에 없다. 그런데 재밌는 것은 나를 위해 참고 버티는 게 아니라는 것이다. 가족을 위해 참고 버틴다.

앞서 소개했던 만석은 그날 과장에게 깨진 후 속이 상한 마음에 동료직원과 소주 한 잔을 기울었다. 소주가 들어가니 하고 싶은 말도 술술 나오고 속상했던 마음도 수그러들었다. 역시 술이 좋긴 좋은가 보다. 적어도 남자들에게는….

서로 이런 말 저런 말을 건네는 사이 벌써 시간은 자정을 향하고 있었다. 사실 아내에게 늦을 거라는 연락도 하지 않은 채 술잔을 부딪치고 있었다. 동료직원이 먼저 끝내자고 하며, 그 둘은 술집에서 나왔다. 얼마나 술을 먹었는지 둘의 대화는 도저히 알아들을 수 없을 정도였다.

"여보! 나 왔어! 문 열어!"

술에 취해 뭐가 그리 당당한 건지, 목소리가 쩌렁쩌렁하다.

"으이그, 또 술이야, 또 술! 지겨워 죽겠어 진짜!"

만날 술에 취해 들어오는 만석에게 질린 듯한 표정으로 아내는 온갖 짜증을 부리기 시작한다.

"이 여자가 하늘같은 남편을 무시하는 거야? 남자가 술 좀 먹고 올 수 있지 뭐!"

역시 술은 용기를 복돋아 주는 것 같다. 만석의 아내는 술에 만취한 남편과 더 이상 말을 섞고 싶지 않아 그냥 무시하고 말았다. 하지만 만석의 아내가 그렇게 쉽게 이 일을 접지 않으리라는 것은 모두가 다 아는 사실일 것이다. 사건은 그 다음날 시작됐다.

"어제 내가 술을 많이 먹었지? 미안해. 어제 별로 안 좋은 일이 있어서."

어제 밤의 기세등등했던 모습은 어디로 갔는지 손톱만큼도 찾아 볼 수 없었다.

"누구는 뭐 만날 좋은 일만 있어서 이렇게 사는 줄 알아요? 그렇게 만날 술만 먹고 다니는 거 보면 그럼 대체 좋은 날은 언제유? 일 년 365일 다 안 좋아요?"
"당신 좀 오바야. 내가 어떻게 일 년 365일을 술을 먹었어? 그리고 기분 좋은 날은 좋으니까 먹는 거고, 또 안 좋은 날은 안 좋으니까 먹는 거지!"
"참, 세상 멋대로 잘 사시네요. 누구는 기분 좋은 날만 있는 줄 알아요? 기분 안 좋아도 다 참고 사는 거라고요. 다들 그렇게 살아요. 직장에서 기분 안 좋은 일이 있어도, 드럽고 치사한 일을 당해도 그냥 참으라고요. 그게 사는 인생이랍니다."

또 참고 버티라는 말을 듣고 만석은 아침은커녕 욕만 배불리 얻어먹고 숙취상태에서 출근했다. 버스에 앉아 사무실까지 가는 과정이 너무나 고통스러웠다. 전날 술을 너무 많이 먹어 울렁울렁 거리는 속이 너무 불편했기 때문이다. 나도 그 마음을 잘 알 것 같다. 울렁울렁.

사무실에 도착한 만석은 동료직원에게 아내와 아침부터 싸운 이야기를 하기 시작했다. 그래서 해장국도 못 먹어서 속이 안 좋다며 신세한탄만 할 뿐이다. 만석의 쉼 없는 열변을 토하는 이야기를 계속 말없이 듣고 있던 동료직원은 만석의 말이 끝나기 무섭게 한 마디만 하고 사라져 버렸다.

"참아! 네가 참아야지!"

그래, 또 참으라 한다. 과장한테 깨져도, 마누라한테 욕을 한 바가지 얻어먹어도 참으라 한다. 젊은 놈들이 깐죽거려도 먹고 살 유일한 밥줄이니 참으라 한다. 대체 언제까지 참고 버티라는 말인가?

남자들은 안다. 스스로도 참고 버티는 일이 최선이라는 것을…. 다

만 이 시대의 남자들이 드럽고 치사하지만 참는 것은 모두 가족 때문
이라는 것을 알아 줬으면 할 뿐이다.

　오늘도 그들은 참고 버틴다. 🐾

scene.6

나에게 왜 일을 하는지 묻는다면

살면서 한번쯤은 내가 왜 일을 하는지, 많고 많은 일 중에 왜 하필이 일을 하고 있는지 생각해 본적이 있을 것이다. 나 역시 그런 생각을 자주 했다. 사실 나는 여자이기에 아이들 때문에 힘들면 "육아휴직이나 할까?"라는 생각을 해 본적이 있다. 마치 육아휴직이 스트레스로 가득한 직장을 떠나 휴식처인 것처럼. 하지만 남자들은 이런 생각을 쉽게 하지 못한다. 남자에게 '일'이라는 것은 생계유지이기 때문이다.

아직 동이 트지도 않은 새벽 인력시장 주변에는 많은 사람들이 옹기종기 모여 있다. 추운 겨울 드럼통에 모닥불을 피워놓고 200원짜리 자판기 커피를 손난로 삼아 들고 있는 모습이다. 새벽 인력시장에 모인 사람들에게 일이라는 것은 생계유지라고 해도 과언이 아닐 것이다. 드럼통 주변에서 담배를 피우며 일거리가 생기기만을 기다리는 한 남자가 있다. 누가 봐도 인력시장에서 가장 나이가 젊은 사람이라는 것을 한 눈에 봐도 알 수 있다. 그 남자는 이제 서른을 갓 넘긴 젊은 청년이었다. 아니 청년이 아닌 어엿한 아버지였다. 5년 전 결혼을 해서 지금은 한 아이의 아빠가 됐는데, 갑작스러운 사업실패로 새벽마다 인력 시장에 나올 수밖에 없는 사연을 구구절절 이야기했다.

"저 한때는 정말 잘 나가는 사업가였어요. 아니 뭐 크게 잘 나가는 정도는 아니었지만, 남들한테 아쉬운 소리 안하면서 살 수 있을 정도는 됐었던 것 같아요. 직장도 있었고, 돈이 아주 없는 놈이 아니어서 지금의 아내와 결혼하는데 어려움은 없었어요. 그리고 떡두꺼비 같은 아들의 아빠가 됐어요. 사실 그때는 일을 한다는 것은 그냥 남자이기에 일을 해야 한다고 생각했어요. 그리고 일을 하면서 만나는 인맥을 넓히는 목적도 컸지요. 정말 그때는 일에 대해 간절하거나 일 할 생각을 하며 걱정하는 일은 전혀 없었어요. 그런데 갑자기 사업이 쫄딱 망했습니다. 정말 앞이 전혀 보이지 않았어요. 일을 못한다는 것이 얼마나 큰 아픔이었는지 절실히 느끼게 됐어요. 당장에 처자식 먹여 살려야 할 생각을 하니 뭐부터 시작해야 할지 몰랐습니다. 처음에는 그냥 쉬다가 집에서 빈둥빈둥 놀면 주위에서 괜히 '젊은 놈이 직장이 없나봐!'하며, 흉을 볼까 두려워서 그냥 집에서 나오기 바빴습니다. 참 철이 없었지요. 그런데 시간이 갈수록 불안감과 제 무능함이 절 엄습하면서 스스로에게 많은 실망을 하게 됐어요. 그런데 혼자서 문득 먼 산을 보며 '내가 왜 일을 해야 하나? 일, 안하고 살면 안 되나?'하며 제 자신에게 물었습니다. 그런데 답은 딱 하나이더군요. 바로 가장으로서 자존심 회복과 가족의 생계유지를 위해 일을 해야 한다는 거였어요. 그래서 마음을 다잡고 이른 새벽 인력시장에 나왔습니다. 무슨 일이든지 닥치는 대로 해야 하니까요. 그렇게 시작한 새벽인력시장 출근은 벌써 6개월이 넘었습니다. 겨울이 되니 무지 춥네요. 저 혼자였더라면, 전 이 일을 하지 않았을지도 모릅니다. 저에겐 일이란 자존심과 생계유지인 것 같아요."

그의 말을 들었을 때, 마음 한 구석 내 가슴을 후비는 한 사람이 있었다. 바로 우리 아버지였다. 아버지도 늘 새벽에 청소부라는 직업도 마다하지 않고 열심히 일하셨다. 지금 생각해보면 아버지도 당신의 자존심과 가족의 생계를 위해 일을 하셨던 것 같다. 여자와 달리 남자는 생계부양자로서의 역할이 어려서부터 몸에 배어있고, 그렇게 교육받았다는 사실을 부인 할 수 없었다. 남자들에게 일은 자신을 졸졸 좇아 다니는 그림자와 다름없는 듯하다.

가끔씩 남자들이 불쌍해 보일 때도 있다. 사실 요즘 들어서야 여자들의 사회활동이 늘어 일 하는 여자들이 많아졌지, 남자들은 아주아주 오래 전 정확히 언제인지는 모르지만, 대충 오천 년 전부터 일을 했었던 것 같다. 그냥 남자이기에 당연히 해야 하는 것으로 여겨져 왔던 것이다. 사실 남자가 일을 하지 않고 집에서 빈둥빈둥 놀고 있으면 사람들은 "남자 구실 똑바로 못한다"며 아래윗집, 옆 동네 아줌마들은 옹기종기 모여 누구네집 남편 뒷담화로 하루를 보내기도 할 것이다. 그 만큼 사회는 남자들에게 일을 강요하고, 일을 하지 않으면 비정상적인 사람으로 보인다고 가르치는 것 같다.

"나는 우리 딸은 별로 걱정하지 않는데, 아들이 걱정이야. 딸이야 뭐 커서 취직 못 하면 그냥 데리고 살다 시집보내면 되는데 아들놈은 적어도 지 밥벌이는 해야 할 거 아니야. 우리 아들이 지 밥벌이를 할 수 있을지 걱정이야."

같은 사무실에 일 하는 직장동료인 진석은 이제 겨우 중학생인 아들을 놓고 한 숨을 시작으로 이야기의 물꼬를 터트렸다.

"사실 내가 좀 돈이 많으면, 아들이 제대로 취직 못하면 가게라도 하나 차려주면 되는데. 그게 한두 푼이냐고. 남자가 일을 해야 하는데. 고놈도 참 불쌍하다. 남자로 태어난 게 죄다 죄야!"

워낙에 남자들 틈 속에서 오래 생활을 했고, 또 그들과 많은 대화를 나누다 보니 남자들의 마음을 이해할 수 있었다. 남자로 태어나서 남자이기에 일을 해야 하고, 남자이기에 돈을 벌어야 한다는 부담감이 커다란 돌멩이를 가슴 한 구석에 꽉 채우는 것처럼 무겁게 느껴지는 것 같다.

어느 날 갑자기 진우는 직장동료들에게 육아휴직 선포를 했다. 아내 대신 자신이 육아휴직을 내고 어린 아이들을 돌보겠단다. 그 말을 들은 동료들은 다들 눈이 휘둥그레져서 물었다.

"야! 너 미쳤냐?"
"너 어디 좀 모자르니?"
"왜? 마누라가 휴직 못한대? 너보고 하래?"
"야! 다시 한 번 생각해봐!"
"남자가 일을 해야지! 빈둥빈둥 놀려고?"

남자들의 반응은 생각보다 더 부정적이었다. 일 해야 하는 남자가 집에서 아이를 보고 논다고 하니 이해가 되지 않았던 모양이었다. 사실 남자도 아이를 잘 볼 수 있는데 말이다. 하지만 아이를 잘 보나 안 보나를 떠나서 남자는 밖에서 일을 해야 하는 사람으로 이미 여겨져 왔던 고정관념 때문인 것 같다. 하지만 아무리 구시렁거려도 요즘은 일을 멈추고 아이들을 돌보며 살림을 하는 남자들이 늘고 있는 것은 사실이다.

어려서부터 생계를 위해, 가장으로서 역할을 위해 일을 해야 한다고 세뇌교육을 받았다. 그러한 사회 관습에서 남자들은 자신들이 왜 일을 해야 하는지, 내가 왜 이 일을 하고 있는지에 대한 생각은 미쳐 할 수 없었다. 당연히 해야 하는 일이니까 했기 때문이다. 그러나 이제는 일을 하는 의미를 무조건 생계유지 및 가장으로서의 역할이라고만 생각하지 말고, 자기 자신을 위해 하는 것이라고 생각해 볼 필요가 있을 것 같다.

매일 가족이라말하고, 또 다시 가족을 위한다는 명목을 들이대고 싶은가? 이제는 일의 의미를 나 자신에서 찾을 필요가 있다. 물론 내가 원하는 것, 내가 하고 싶은 것만 할 수는 없겠지만. 하지만 아무리 이렇게 말해도 대답은 다시 원점으로 돌아올 것이라는 것을 나는 안다. 왜냐면, 더 이상 복잡하게 생각하기 싫으니까. 그냥 지금처럼 살아도 나쁘지 않으니까. 이게 평범한 대한민국 남자이니까.

"왜 일을 하세요?"

"남자가 일을 안 하면 이상하니까. 다른 사람들도 다 하는데 안 하면 이상하니까. 남들 다 하니까."

그래, 이게 정답이다. 정답이 아니라면 더 이상할 뿐이다. 🐾

scene.7
왜 사냐고 묻고 싶을 때

"상미야! 너는 항상 뭐가 그리 좋니?"
"왜요? 난 항상 좋아 보여요?"

뜬금없는 직장 동료의 물음에 나는 이상하듯 되물었다.

"응, 너는 항상 재미있어 보여. 그냥 걱정이 없는 것 같아."

그는 자신이 말하고도 어색했는지 그냥 피식 웃고 말았다.

"아니 뭐, 특별히 좋은 일도 없지만, 안 좋은 일도 없어요. 왜요?
근데 부장님은 뭐 안 좋은 일 있으세요?"
"아니, 나도 뭐 안 좋은 일도 없고, 좋은 일도 없어. 그런데 나는
너처럼 웃음은 안 나와!"

"인생 뭐 있어요? 어차피 사는 인생 그냥 좋게 생각해서 살면 되잖아요!"

"그런가? 그렇지. 근데 재미는 없네. 나이가 들어서 그런가."

세상만사가 모두 힘들다고 생각하는 그는 늘 무표정이다. 웃지도 않고 그렇다고 울지도 않는 그냥 어정쩡한 표정 말이다. 그러니 별 걱정 없어 보이는 나를 보면 마냥 신기한 것도 이상한 일이 아닐 것이다. 참, 세상에 웬 불만이 저렇게나 많을까? 어정쩡한 무표정의 그는 나이가 들수록 부쩍 세상이 재미없다는 말을 시작으로 이야기의 물꼬를 터트렸다.

"힘들어!"

느닷없이 입에서 터져 나오는 세 글자의 말이 내 가슴을 철렁하게 만들었다. 요즘은 남자 갱년기도 많다는데 괜히 우울증에 빠진 것은 아닌지 걱정이 됐다.

"왜 그래요? 늘 하던 일인데, 갑자기 왜 이래? 갑자기 힘들어진 것은 아닐 테고."

"그 동안 20년이야! 아니 직장생활만 20년이지. 살아온 인생은 반평생이야!"

"부장님! 설마 벌써 갱년기 온 거 아니죠? 그 정도 나이는 아닌 것 같은데…. 머리 숱도 그만하면 많고 아직 힘도 있어 보이는구만."

힘들다며 시무룩해 있는 그의 기분을 조금이라도 위로해 주고 싶은 마음에 나의 장난 섞인 물음은 계속 됐다.

"요것이 미쳤나? 갱년기는 개뿔. 그냥 요즘 사는 게 힘들어서 그래. 아무리 벌어도 빚은 안 갚아지고 나는 일만 하기 위해 태어난 사람 같아서. 그냥 사색이 많아지는 때인 것 같아. 봄이잖아. 몸이 노곤 노곤해져서 그런 것 같아."

"춘곤증인가? 난 또 뭔 일 있는 줄 알았네. 하하하!"

"저것은 또 웃네! 또 웃어! 뭐가 그리 좋을까? 부럽다. 부러워!"

"저는요 굴러다니는 개똥만 봐도 웃음이 나와요!"

그는 이십 년 전 직장생활을 시작했다. 말이 이십 년이지 강산이 두 번 바뀌어도 바뀌었을 세월이다. 하지만 세월은 그렇게 180도로 바뀌지 않았다. 아니 그때와 별반 다르지 않다. 그 판이 그 판이다.

세상에는 다양한 사람들이 있고, 다양한 직업을 가진 사람들이 존재한다. 하지만 거의 대부분의 사람들은 때가 되면 취직전쟁에, 취직하고 나면 진급전쟁에서 벗어나지 못한다. 거의 같은 레퍼토리다.

정말 취직만 하면, 출근만 하면 다 끝나는 줄 알았더니 또 다시 새로운 전쟁에 휘말리며 살기 바쁜 것은 부인할 수 없는 현실이 돼버렸다. 이럴 때 우리가 잘 써먹는 표현이 있다.

"남의 돈 벌어먹기 힘드네!"

맞다. 우리는 남의 돈을 벌어먹기 위해 유치원시절부터 대학졸업 때까지 공부를 해야 했다. 그리고 취직을 하기 위해 몸부림을 친다. 또한 취직을 하면 남의 돈 벌어먹기 위해 눈썹을 휘날리며 출근을 하고 파김치가 돼 퇴근을 한다. 남에게 월급을 받는 사람이나, 월급을 주는 사람이나 다 마찬가지다. 참 살기 힘든 세상이다. 더구나 생계유지를 위한 부담감을 갖고 사는 남자들에게는 더더욱 그렇다.

아주 어렸을 때, 우린 빨리 어른이 되고 싶다고 말했다. 어른이 되면 돈도 많이 벌고, 갖고 싶은 것을 살 수 있다는 생각에서다. 나도 그랬지만 어렸을 때는 어른이 되면 당연히 많은 돈을 벌 수 있다고 믿었다. 그래서 빨리 그냥 어른이 아닌 돈 많이 버는 어른이 되고 싶어 하는 것 같다. 그런데 정녕 어른이 되니 생각보다 돈은 모아지지 않았다. 많은 빚이 없으면 다행일 뿐이다. 이렇게 아무리 일을 열심히 해도 모아지지 않고 빚만 쌓이는 어른이 될 줄 알았으면 그렇게 갈망했겠는가? 젠장, 여지없이 이 세상에 속은 것이다. 속는 걸 알면서 어른이 됐다.

사무실에 늘 오는 우체국 아저씨가 도착했다. 매일매일 우리 사무실 우편물을 갖다 주신다. 주로 매달 10일 이후가 되면 사무실 우편이 다른 날 보다 배 이상이 많아진다. 바로 카드대금 명세표가 배달되는 시점이기 때문이다. 카드요금 고지서는 뭐 그리 반갑지 않은 우편물임에 틀림없는 것 같다.

"돈 내라고 날라 왔던데요?"

"뭐? 아, 카드대금? 쓸 때는 좋았는데."

"사람 마음이 다 그런 거잖아요. 이거이거 카드를 안 써야 하는데 말이죠."

"맞아, 근데 카드를 안 쓰려면 현금이 있어야 하는데 월급 받으면 현금은 온데간데없이 모두 사라져!"

"그러니깐 진짜 이상하지 않아요? 버는 돈이 다 어디 있냐는 거야!"

"어디 있긴. 카드 회사에 있지. 하하하."

카드요금 고지서를 뜯어보며 떨떠름한 표정을 짓는 그는 카드 사용내역을 보며 계속 말을 이어갔다.

"이상하다. 안 쓴다고 안 썼는데, 이렇게 많네! 내 앞으로 쓴 건 하나도 없어! 죄다 마누라하고 새끼가 쓴 거지. 에잇, 오늘 저녁에는 소주나 한 잔 해야겠다. 인생 뭐 있어? 나는 제대로 뭘 사지도 못하는데 내 위로 친구인 소주나 한 잔 해야지! 사는 게 다 그런 거야!"

그는 카드요금 고지서를 갈기갈기 찢어 쓰레기통에 버리고 지갑에
서 카드를 찾는다. 소주 한 잔 마시기 위해 카드가 있나 확인하는 것
같았다.

"뭐야? 또 카드 찾는 거야? 하하하."
"야! 현금이 없잖아! 카드 써야지. 소득공제를 위해. 하하하."
"그래도 카드라도 쓸 수 있는 걸 감사하다고 생각해요. 다른 직원
들은 마음대로 카드 한 번 쓰지도 못하는 사람이 있어. 허락받고 쓴
다니까."
"야! 그러니깐 말이야. 왜 사는지 모르겠어, 그 사람들은."

사는데 이유가 있을까? 아주 원초적인 시대부터 생각해 본다면 우
린 처음부터 살고 싶어서 의지대로 태어난 것은 아니다. 여기서 '산
다는' 것은 바로 삶의 의미일 것이다. 세상의 모든 사람들이 불현
듯 삶의 의미를 찾기를 갈망한다. 오랜 시간을 바쁘게 지낼 때는 그
런 생각 자체를 할 수 없었다. 그런데 유독 남자는 생애전환기인 사
십대를 넘고 오십대, 육십대가 되면, 문득 삶의 의미를 찾고 싶어 한
다. 이유는 그다지 바쁘게 살지 않기 때문이다. 그때그때 하나부터
열까지 챙겨야하는 애들은 훌쩍 커서 등을 돌린다. 만날 술만 먹고

61

들어온다고 잔소리하던 아내도 이제는 지쳐서 신경도 쓰지 않는다. 오히려 그 잔소리가 그리울 때도 있단다. 그러니 혼자 멍 하니 앉아서 갑자기 자신의 존재감을 생각하게 되면 괜히 쓸모없는 사람이라 생각하게 된다. 그래서 웃음도 나오지 않고, 옆에서 마냥 웃고 있는 직원이 부럽기도 하고 신기할 뿐이다. 이런 현상은 나이가 들면 들수록 여성호르몬이 증가하는 남자들에게 많이 나타나는 듯하다. 그런 남편을 볼 때 나이가 들면 들수록 남성호르몬이 증가하는 여성들은 그냥 '늙었거니' 할 뿐이다. 그러니 절대 '늙었거니'라는 말을 듣지 않게 힘 좀 내보자. 아저씨 같은 허리바지는 다 집어던지고, 화장실에서 있다 나올 때는 바지에 좀 티를 내지 않았으면 좋겠다. 왜? 여자들은 남자들이 늙어 가면 다 그런 줄 아니까. 늙었다는 티를 좀 벗어 던지자는 거다.

문득 "왜 사느냐?"고 누군가 묻는다면 뭐라고 대답해야 할까?
답은 "죽지 못해 사는 거다." 이런 말 좀 나오지 않게, 좀 잘 살아보자. 남자니까. 🐾

세상의 아버지들은 자신을 위해 살지 않는다.

　'아버지'하면 떠오르는 이미지, 그것은 바로 '축 처진 어깨'다. '엄마'하면 바로 눈시울이 뜨거워지는데, 왜 '아버지'하면 뜨거워지는 눈시울 대신 가슴이 먹먹해지는 이유는 뭘까? 그만큼 '아버지'라는 존재는 자식들이 늘 미워했고, 또 미안해 할 수밖에 없는 대상으로 여겨지고 있는 것 같다. 대 놓고 표현하지는 못하지만….

　어느 해 어버이날 KBS TV에서 『길 위의 아버지』라는 제목의 다큐가 방영됐다. 처음 그 방송을 보았을 때 순간 깜짝 놀랐다. 사실 어버이날에 방영되는 다큐나 방송은 대부분 '엄마'를 소재로 했었다. 그런데 그때는 엄마라는 그림자에 갇혀 세상 밖으로 나오지 못한 '아버지'들에 관한 이야기를 볼 수 있었다. 다큐는 기대했던 것 보다 더 많은 잔잔한 감동을 전해줬다.

『길 위의 아버지』는 퀵 서비스를 직업으로 하는 아버지들을 다룬 이야기였다. 서울 구로구 중앙유통상가 옆 퀵 서비스 사무실이 운집해 있는 곳에 여러 아버지들이 바라보고 있는 것은 작은 스마트폰이다. 그 스마트폰은 사무실에서 일거리를 전산을 통해 알려주면 자신이 할 수 있는 일을 빨리 캐치하기 위한 도구였다. 한 마디로 밥벌이를 위한 전투장비였다. 하나같이 모두 땅만 쳐다보며 시간을 보내는 것 같지만, 그들은 땅을 보는 게 아니라 일거리를 찾기 위해 스마트폰을 뚫어져라 주시하고 있었던 것이다.

그 곳에 모인 아버지들은 저마다의 아픈 사연을 가지지 않은 이가 없었다. 적게는 30대에서 많게는 70대까지 인생의 마지막 직업이 될 수도 있는 퀵 서비스라는 직업을 천직으로 생각하며 최선을 다하고 있었다. 한 건이라도 더 하기 위해 무조건 빨리빨리 달렸고, 조금이라도 더 벌기위해 비가와도 일거리를 찾는다. 누가봐도 위험한 질주를 할 수 밖에 없는 이들은 모두 누군가의 아버지들이었다. 한분, 한분 사정이 없는 분이 없겠지만 그 중 나는 어느 한 아버지의 삶에 눈물을 흘릴 수밖에 없었다.

올해 서른이 조금 넘은, 마치 총각이라 해도 믿을 만큼 젊어 보이는 남자였다. 내가 아버지라고 표현하기에는 너무나 어색할 정도로 젊은 그는 내 예상을 뒤엎고 자신도 누군가의 아버지라고 이야기했다. 그는 벌써 세 살 정도 된 것 같은 아들의 아버지였다. 어느 아버지 못지않게 퀵 서비스라는 자신의 직업을 사랑했고, 또 그 일에 최선을 다했다. 아침에 일찍 출근해서 한 건이라도 더 일을 얻기 위해 고군분투하는 그의 모습은 내 마음 한 귀퉁이를 마구 때리는 것 같았다. 자신의 일에 최선을 다하는 모습이 진정한 아버지였기 때문이다. 단 1분 1초라는 시간을 허투루 쓰지 못하고 일거리를 잡기 위해 빨리빨리 달릴 뿐이었다. 그러다 힘이 들면 잠시 쉬며 아들의 영상이 담긴 동영상이나 사진으로 위로를 받고 다시 달리는 모습은 전형적인 대한민국 아버지였다. 하지만 늘 좋은 일만 있을 수 없듯이, 엎친 데 덮친 격으로 일거리가 많이 없는데다 유일한 돈 벌이 수단인 오토바이가 고장이 났다. 그 고장이 난 오토바이를 질질 끌고 약 5킬로미터를 이동해 온 그는 잠시 일을 하지 못하는 것에 많이 속상해했다. 오토바이가 오래 돼 몇 번을 수리를 해야 했지만 새로 살 엄두조차 못 내는 그에게도 이유가 있었다.

"저번 수리비도 아직 못 갚았어요. 외상으로 고쳤거든요. 그런데 이번 수리비까지 합치면 오토바이 수리비만 이백이에요."

그런 그가 힘들게 쪼그리고 앉아 사무실 앞에서 현금서비스를 신청하며 다시 말을 이어갔다.

"현금 서비스를 받았지만 그래도 백 이상이 모자라네요. 또 어떻게 남은 돈을 구할 수 있을 까요?"

늘 최선을 다해 땀을 흘려 번다고 버는데 왜 늘 부족하고 힘이 드는지 그의 축 처진 어깨위에는 너무나 많은 짐을 올려놓는 듯 했다. 그래도 그는 달리고 달렸다. 몸살이 나서 지친 몸으로 이마에 쿨링 패드를 붙인 채, 또 다시 오토바이 위에서 일거리를 찾고 있었다. 아픈 몸을 추스르지도 못한 채로 이렇게 사는 이유…. 그것은 바로 가족이 있기 때문이다.

그는 가족을 위해 살기에, 가족과 함께 만들어 갈 1%의 희망을 위해 오토바이에 몸을 싣고 달리고 달린다. 자신이 아닌, 가족을 위해.

아버지라는 주제로 나를 울리게 했던 이 방송은 힘든 아버지들의 뒷모습을 봐달라며 세상에 외치는 것 같았다. 아버지이기 때문에 힘들어도 일하고 가족을 위해 산다는 것을 알리고 싶었던 것은 아닐까? 참 많은 것을 느끼게 해 주는 방송이었다.

어느 날, 진호의 아내는 암 판정을 받게 됐다. 가정환경이 썩 좋지 못했던 진호네 가족은 세 식구다. 진호와 그의 아내, 그리고 건강한 아들 이렇게 셋. 늦은 나이에 어렵게 결혼해서 생긴 아들이라 그런지 아직 다섯 살 밖에 되지 않았다. 그런 그의 가정에 청천벽력 같은 불행이 찾아왔다. 바로 아내의 말기 암 판정소식. 아내는 병원에 입원 치료를 했고 여러 차례의 수술과 항암치료를 해야 했다. 당연히 없는 형편에 병원비를 충당하기에는 너무나 힘이 들었다. 그래서 살고 있던 집을 처분하고 아들은 아내의 병원에서 함께 생활하게 됐다.

진호는 폐지를 수거하는 일을 했다. 폐지 수거하는 일을 하며 가끔은 병원에서, 가끔은 차 안에서 숙식을 해결했다. 그렇게 아픈 아내의 병원비를 충당하기 위해 하루 24시간이 모자랄 정도로 열심히 일을 했다. 자신이 힘들고 아픈 것은 참을 수 있었다. 하지만 어린 아들에게 아픈 엄마를 병간호 시키는 것 같아 마음이 좋지 못했다. 그래서 그는 아들을 가까운 시설에 맡기게 됐다. 차라리 잘 먹이고 잘 재우고 잘 가르칠 수 있는 곳에서 좀 편히 살게 해주고 싶었다. 물론 주기적으로 아들을 보러 다녔고 다시 집을 마련할 돈을 모으기 위해 열심히 일을 했다. 그런 그의 노력에도 불구하고 아내는 얼마 버티지 못하고 세상을 떠났다. 지금은 진호와 그의 아들만 남아 있을 뿐이다. 물론 같이 살지는 못하지만 늘 마음만은 함께 있었다.

"아들, 아빠 왔다."

아빠라는 말을 듣자마자 아들은 한 걸음에 뛰어와 그에게 안겼다.

"아들, 잘 있었어? 아들, 아빠가 빵 사왔으니까 친구들하고 빵 먹고 있어. 다음에 또 올게! 알았지?"

그가 할 수 있는 것은 아들을 한 번 안아보고 빵을 손에 쥐어주고 다시 되돌아가는 게 전부였다.

"지금 이렇게 놀고 있을 수가 없어요. 어떻게 해서든 하나라도 더 주워야 해요. 못 배워서 마땅히 할 수 있는 게 없으니, 이거라도 열심히 해야지요. 그래야 우리 아들 데리고 올 수 있는 집을 마련하죠. 그래도 저 놈이라도 있으니 제가 사는 겁니다. 마누라 죽고, 저 놈마저 없었으면 내가 사는 의미가 없겠죠. 저 놈이 다 죽어가는 나를 살린 거나 다름없어요."

진호 역시 어쩔 수 없는 아버지였다. 자신을 위해 살라고 하면 절대 하지 못했던 고된 일을 아들을 위해서는 고된 줄도 모르게 하고 있었다. 자식새끼 돌보기 위해, 자식새끼 먹여 살리기 위해 힘든 날도 힘을 내고 있었다. 어쩌면 진호는 아들에게 당당한 모습의 아버지로 기억되고 싶었을지도 모른다.

대한민국의 아버지라는 사람들에게 나는 물었다.

"누구를 위해 살고 있나요? 스스로를 위해 살고 있나요?"

이 질문에, 거의 비슷한 답이 나왔다.

"우리 빨대들을 위해 살지. 허허허. 빨대들 없었으면 나는 벌써 어디 노숙이라도 하고 있을 지도 몰라."

"아버지가 아닌 사람들의 기준은 모르겠는데, 아버지라면 다 새끼들을 위해서 살지. 가족을 위해서."

"내 자신을 위해 살라고 했으믄, 이미 회사 때려 치왔재. 안 근가? 나야 뭘 해서 먹고 살든 나 혼자면 괜찮한디, 가족들이 있응게 쉽게 그렇게 못해. 그래도 당당하고 힘 있는 아버지의 모습을 보여 줘야재. 아버지들은 다 그런 것이네."

"새끼들이, 가족들이 안 알아줘도 괜찮아, 또 알아달라고 가족들을 위해 사는 것이 아니잖아. 아버지니까 이렇게 사는 거지."

그래도 싫든 좋든, 가족 이야기를 하는 동안은 얼굴에 웃음이 한가득이다. 바가지 긁어서 못 살겠다고 대판 싸우던 아내도, 만날 아버지한테 대드는 아들놈도, 여우같이 돈 필요할 때 옆에 오는 딸년이지만, 그래도 가족 생각만 하면 환한 미소를 짓는 아버지들이다. 그리고 언젠가는 알아 줄 날이 있으리라고 생각했던 아버지들. 그러나 세상을 떠난 후에야 비로소 가족들이 알아주는 아버지들. 그런 아버지들은 절대 자신을 위해 살지 않는다. 가족을 위해 산다.

scene.9
거버린 아이들, 거져가는 간극

아침부터 사무실 남자직원의 표정이 어둡다. 집에 무슨 일이 있나
싶었는데, 역시나 집안 일이었다. 대부분 남자들은 집안 일 아니면,
회사 일로 기분이 '좋았다' '나빴다'를 반복한다. 남자들에게 그 두 가
지 외에 다른 일은 없기 때문이다. 축 처져있는 그에게 내가 먼저 말
을 걸었다.

"언니랑 싸웠어요?(나는 직원들 아내를 주로 '언니'라고 칭한다.)"
"어? 아니⋯. 마누라가 아니라 애새끼하고 싸웠어."

쉽게 말하고 싶지 않았지만, 이내 말을 꺼내는 듯 했다.

"누구? 아들? 딸? 애들하고 싸움이 되는겨?"

"야! 너는 아직 애들이 어려서 그렇지. 애들이 중2만 되면 만날 싸운다."

"그렇구나. 어떻게 싸웠기에 아침부터 기분이 그렇게 안 좋아 보여요? 이것, 저것 막 던지며 싸운 건 아니지? 핸드폰 멀쩡해?"

"에잇, 그냥 팼어. 내가 진짜 때리는 것만큼은 하지 않으려 했는데, 왜 이렇게 얄미운지 그 놈의 새끼 머리를 한 대 때렸는데, 그래도 말대꾸하기에 진짜 팼어. 혼낸 게 아니고 팼어."

'혼낸 게 아니고 팼어'라는 말을 듣고 그 직원의 마음은 열어보지 않아도 많은 상처가 있으리라 생각했다. 나는 더 이상 그 일에 관해 말을 잇지 않았다. 상처에 괜한 소금을 뿌리는 것과 마찬가지였기 때문이다.

아이가 처음 태어나던 날을 회상해보자. 직접 낳지는 않았지만, 건강히 태어나게 해달라고 기도하며 아이의 탄생을 기다렸을 아버지들이다. 아빠가 되어 자식들을 먹여 살리기 위해 불철주야 일 하며, 그 어린 아이들을 애지중지 키웠던 아버지들. 어디 다칠세라, 어디 아플세라 '오냐오냐'하며 키웠던 아이들이 이제 머리가 굵어졌다고 아버지 말에 바락바락 대들기 시작한다. 그렇다고 아버지의 뜻을 알아주지 못한다는 배신감에 이 자식을 때릴 수도 없고, 쫓겨 낼 수도 없다며 누구한테 화풀이도 하지 못한다. 내 새끼 욕하는 일이니….

지원이는 학교에서 끝나고 집에 오면 바로 자기 방으로 직행한다. 거실에 아버지가 앉아 계셔도 "다녀왔습니다"라고 허공에 대고 외치고 방으로 바로 직행이다. 이제 열일곱 살, 사춘기가 와도 벌써 와서 한참 아이의 가슴속에서 요동치고 있을 나이이다.

친구들밖에 모르고 돈 밖에 모르는 이맘때의 아이들을 가진 부모들의 가장 큰 고민거리는 아이들과의 소통부재이다. 지원이 아버지 역시 아들과의 소통이 전혀 되지 않는다는 면에서 매우 힘들어 한다. 마치 자신을 허수아비로 생각하는 것 같아 맘도 많이 상했단다.

"지원아! 아버지랑 얘기 좀 하자!"
"저 피곤해요. 저 할 일 많아요!"

어렵게 먼저 말을 건넨 아버지에게 지원이는 한 치의 고민도 없이 거절이다.

"지원아! 잠시면 되는데. 요즘 뭐 힘든 일 있니?"
"아, 진짜 왜 그래요? 갑자기 왜 그러세요? 그냥 평소처럼 하세요!"

아들의 말에 아버지 역시 말을 잇지 못한다. 평소처럼 하라는 말이 가슴에 박힌 못처럼 아팠기 때문이다.

"야, 이놈의 새끼야! 뭘 평소처럼 하란 말이야? 네놈이 아버지하고 제대로 얼굴보고 이야기 해본 적이 있어? 왜 아버지 탓이야? 아버지가 먼저 손 내밀면 손 좀 잡아 주면 안 되니?"

"아버지, 아버지는 그냥 돈 버는 사람이잖아요. 언제부터 저한테 그렇게 관심이 많으셨어요? 생각해보세요! 아버지가 우리 어려서부터 만날 일하느라 같이 지내본 적이 없잖아요. 제가 좋아하는 음식이 뭔지 아세요? 제가 좋아하는 게임이 뭔지 아세요? 제가 몇 학년 몇 반인지 아세요? 제가 뭐가 되고 싶은지 다 아세요? 엄마는 다 알아요!"

아들의 쉼 없는 질문에 정신없었던 아버지는 순간 당황했다. 사실 아들의 물음에 제대로 답 할 수 있는 질문이 하나도 없었기 때문이다. 좋아하는 음식이 뭔지, 되고 싶은 것이 무엇인지는 초등학교 때의 기억밖에 남아 있지 않다. 더군다나 게임은 그렇다 치지만 아들이 몇 학년 몇 반인지는 전혀 알 수가 없었기 때문이다.

"꼭 그런 걸 알아야 대화가 되는 게 아니잖아. 그러니까 지금부터 말 좀 해보자. 너 요즘 왜 이렇게 반항적이야?"

"아버지는 늘 그래요. 왜 제가 하기 싫다는데 꼭 하시려고 하는 건데요? 싫다는데 그냥 좀 두면 안 되세요? 그냥 회사에나 가세요!"

아들의 말끝에 아버지의 주먹이 아들 얼굴을 향해 있었다. 하지만 어느새 훌쩍 커버린 자신보다 키 큰 놈의 얼굴까지 주먹이 올라가기에는 많이 역부족인 듯 보였다. 그런 아버지의 모습을 보고 있던 아들은 그 모습이 더 초라해 보이고 싶었는지 더 화를 냈다.

"그냥 있으면, 이렇게 초라해 보이지는 않잖아요. 밖에서는 지나가는 애들한테 절대 이러지 마세요. 잘못하다가는 봉변당해요!"

이 말을 끝으로 아버지와 아들의 대화는 잠시 정지됐다. 아버지는 아들 방에서 나와 허공을 주시하며, 한숨만 쉴 뿐이다.

너무 커버린 아들 녀석을 당할 재간도 없고, 아들의 말이 하나도 틀리지 않다는 것을, 지금에서야 이런 사실을 깨달았다는 것을 깊이 후회한단다. 하지만 아버지가 무슨 죄인가. 단지 먹고살기 바빠서 조금 신경 써주지 못한 죄밖에 없지 않은가. 그런데 자식들은 왜 아버지와 등을 지려고 하는 건지 이해할 수 없는 노릇이다. 아버지인데 말이다. 늘 품어주는 엄마와 달리 강하게 크라며 던지는 듯 사랑하는 아버지의 마음을 이해하지 못해서 일까? 그걸 이해하기에는 아직 아이들이 어린 것 같다.

나는 어려서부터 우리 아버지를 아주 좋아했다. 모든 아버지가 다 그렇지만, 우리 아버지 역시 요즘말로 '딸 바보'였다. 내 말이면 무조건 오케이였고 난 그런 아버지가 좋았다. 꼭 나중에 결혼하면 아버지 같은 남자를 만나 결혼 하겠다 다짐했다. 하지만 시간이 흐를수록, 내 머리가 커질수록 아버지와 나 사이는 그리 돈독해지지 못했다. 지금 생각해보면 그맘때는 다 그런 거라고 생각했던 것 같다.

늘 학교 앞으로 데리러 오던 아버지가 점점 창피하게 여겨졌고, 청소부로 일하는 아버지를 밖에서 만날까봐 솔직히 두려웠다. 그래서인지 아버지와 나 사이의 간극이 점점 벌어지기 시작했다. 아버지와 내가 단 둘이 집에 있는 날이면 그냥 말없이 TV에 푹 빠져 있거나, 내 방에서 혼자 부스럭부스럭 거리며 뭘 했던 것 같다. 그러다 엄마가 집에 돌아오면 그때서야 방에서 나와 함께 저녁준비도 하고 대화도 나눴다.

사실 아버지보다 엄마가 더 편했던 게 맞는 것 같다. 어려서는 아빠만 좋다, 아빠하고 살겠다고 했던 내가 언제부턴가 아버지와 멀어지게 됐는지⋯. 아버지 역시 말씀을 안 하셨지만 가슴속에 많은 상처가 생겼을지도 모르겠다.

그 후로 직장생활을 하고 결혼해서 아이를 낳은 엄마가 됐지만 나는 아직도 아버지와의 전화통화는 자주 하지 않는다. 그래도 결혼 후에는 아버지의 심정을 조금이라도 위로해주고 싶어 전화를 자주하게 됐지만, 엄마에게 하는 것에 비하면 고작 십분의 일도 되지 않을 것이다. 이렇듯 엄마보다 아버지라는 존재는 자식들이 커 갈수록 서로가 멀어질 수밖에 없는 사이가 아닌가 싶다. 그리고 그 간극은 자식과 함께 만들어 낸 상처의 시발점일 수 있다는 사실이다.

이 세상 모든 아버지들, 억울하다 생각되지는 않은가? 없는 돈에, 없는 형편에, 자식들 잘 키워 보겠다고 열심히 일한 죄밖에 없지 않은가. 남들 일 한 만큼만 일 하고, 남들 놀 때 같이 놀면 내 자식들 고생시킬까봐 아버지로서 열심히 노력한 죄밖에 없지 않은가.

다 누굴 위해 이렇게 살았는데…. 머리 커졌다고 바락바락 대드는 아들놈, 돈 필요할 때나 옆에 오는 딸년이지만 내 자식들을 위해 희생하며 살았는데…. 자식들은 이유는 묻지 않고 자기들 방식대로 생각해서 이 아버지를 왜 못난 애비로 만드는지…. 억울하다 생각되지 않은가?

부모와 자식 간에 갈등은 존재한다. 가장 가까운 사람들이기에 더 힘들게 하는지도 모른다. 아무 이유 없이 속을 긁어놓는 자식은 아버지이기에 그렇게 하는 것 같다.

백날 잘 해줘봤자 뭐하겠는가? 만날 돈을 주면 뭐하겠는가? 그냥 당연한 일이라고 생각할 것이며 못 해주면 능력 없는 애비로 격하 시킬 게 뻔하다. 뭐 아버지는 그걸 모르고 자식들 기분 맞춰가며 달래주고, 모르는 척 하며 넘어가 주겠는가? '아버지'이기 때문에 그러는 거다. 내가 아는 대한민국의 아버지 한 분이 이 말 한마디를 꼭 전해 달라고 했다.

"아직 시집장가를 안 가서 부모가 안 돼서 그래. 우린 뭐 어렸을 때 아버지 원망 안했을 것 같아? 내 새끼보다 더하면 더했지 덜 하

진 않았어. 내 핏줄이 어디 가나? 아직 내 새끼들도 아버지가 안 돼
서 그러는 거야. 자식들은 점점 커 가면 커 갈수록 아버지와의 사이
도 그만큼 벌어지게 돼 있어. 그게 다 벌 받는 거야. 내 자식이 나한
테 그러는것은, 내가 우리 아버지한테 그랬던걸 뒤늦게 깨달으란 의
미야. 어쩔수 없는거지"

그래서 이런 말이 생겼나보다.

"너도 커서 꼭 너 같은 자식새끼 낳아서 키워봐라!"

그 말이 정답이다. 🐾

scene.10
나도 돈 잘 버는, 잘 나가는 아버지가 되고 싶었다.

"먹고 살기 위해 신 새벽, 지하철을 세 번이나 갈아타고 노가다 현장으로 가면서 나는 이 세상 아버지들의 진면목을 보았다. 가족을 위해, 아이들을 위해 눈썹을 휘날리며 꼭두새벽부터 일터로 달려가는 세상의 모든 아버지들을. 땅에서는 더 이상 나를 받아주는 곳이 없어 나이 예순이 다 되어 나갔던 바다, 그 시퍼런 바다 위에서 고기잡이배를 타고 인생의 격랑과 사투를 벌이는 무수한 아버지들을 만났다."*

세상의 자식들은 모두 내 아버지가 넥타이를 매고 양복을 입고 출근하는 모습을 보기 원했을 것이다. TV에서 나오는 아버지의 모습처럼, 누구누구네 아버지처럼 늘 반듯한 양복을 입고 가방을 든 채

* 『아버지니까』 송동선 지음. 함께북스

로 출근하는 아버지의 모습. 그러나 세상의 아버지 모두가 다 같은 옷차림으로 출근하고 일을 하지 않는다. 어떤 아버지는 넥타이를 매고 일을 하러 가지만, 어떤 아버지는 입고 버려도 아깝지 않을 다 떨어진 옷을 입고 일을 하러 가기도 한다.

세상의 직업이라는 것은 천차만별이라 어떤 옷차림의 직업이 더 낮다고 말할 수는 없다. 하지만 한 가지 분명한 사실은 아버지들 자신도 항상 넥타이를 매고 깨끗한 곳에서 일을 하고 싶어 했다는 것이다. 하지만 세상이 다 그렇게 원하는 것처럼 흘러가지 않는다.

앞에서 소개했던, KBS 방송에서 어버이날 방영된 다큐멘터리는 『길 위의 아버지』라는 제목으로 아버지들의 애환이 담긴 이야기를 전해 줬다. 퀵 서비스라는 직업을 오랫동안 해 온 어떤 아버지는 인터뷰 도중 이 말을 남기고 오토바이에 몸을 맡겨 다시 달렸다.

"이 직업이 최하층 단계의 직업인 것 같아요. 더 이상 내려갈 곳이 없어요. 다 못 배우고, 못 나고, 할 수 있는 게 없으니 이 일을 하고 있는 거 아니겠어요? 사람들이 얼마나 하찮은 직업이라고 생각하겠어요. 하지만 어쩔 수 없어요. 이게 제 직업이니까. 제가 돈을 좀 잘 버는 아버지였더라면, 우리 가족이 좀 더 편하고 행복하게 살 수 있었을지도 모르죠."

이 아버지는 스스로 못난 아버지라 칭하며, 좀 더 잘나고 돈 잘 버는 아버지가 아님에 가족들에게 미안해했다. 이 아버지 역시 못 배우고 싶어 못 배운 것도 아니었을 테고, 못 나고 싶어 못 난 것도 아닐 텐데…. 그래도 그는 대한민국 어떤 아버지보다 더 자랑스럽고 어떤 직업보다 더 소중한 직업을 가진 아버지였다. 자신의 일을 소중히 여기는 것만으로도, 자식들은 언젠가 아버지를 알아줄 때가 올 것을 알기 때문이다.

"상미야! 나 오늘 우리 아들놈 새끼 파카를 구십만 원짜리 사주고 왔어. 후덜덜이야!"

"구십? 헉. 아니 무슨 파카가 구십이야? 그 요즘 유행한다는 그 파카?"

"어, 나도 태어나서 그런 파카 한 번도 못 입어 봤어!"

"그래도 어쩌겠어. 자식새끼가 사달라하면, 못 사줘도 한이 되는데. 그래도 반장님은 사줬으니 마음은 편하잖아."

"야! 그래도 이 마음 편한 거는 얼마 못 간다. 카드 할부금 나올 때마다 안 편할 거야! 어휴….”

"그래도 사 줄 수 있다는 것만으로도 행복하다고 생각해요. 정말 새끼들한테 해주고 싶은데 못해주면 얼마나 속이 상하겠나."

"그렇지. 맞아. 아니 근데 뭘 파카가 그렇게 비싸냐? 새끼가 눈은 보배라고 지 아빠를 닮았는지 비싼 것만 찾아요."

나도 그렇지만, 모든 부모들은 자식들에게 많은 것을 해주고 싶어 한다. 조건 없는 사랑과 더불어 늘 함께일 수밖에 없는 것이 바로 경제력이다. 세상은 이미 '돈'이라는 것이 없으면 아무것도 하지 못하고, '돈'이라는 것이 없으면 좋은 부모도 되지 못 한다. 비참하지만 사실이고 현실이다. 그러니 철부지 자식들은 없는 집에 태어난 것을 부모 탓이라며 원망하고, 누구누구의 아버지보다 못한 경제력을 가진 내 아버지가 창피하고 싶다고 한다. 위에서 언급한 직장동료의 아들놈 역시 다른 친구 누구누구가 입고 다니는 파카를 입고 싶다고 아마 몇 주 전부터 노래를 불렀을 것이다. 그런 모습을 본 그 직원은 아마 그 몇 주 동안 고민고민하다 냅다 구십만 원이라는 큰 거액을 카드 할부로 한 6개월 정도 긁지 않았을까? 아마 자기 옷을 구십만 원 주고 사라하면 손이 떨려 못 샀을 텐데, 아들놈 옷을 사주는 거니 그래도 떨리는 손을 다잡고라도 살 수 있었을 것이다. 그렇게 할 수 있는 게 아버지라는 존재다. 카드 할부를 어떻게 갚느냐며 울상을 짓던 그 직원은 어느 새 카드 할부금 걱정은 쏙 들어가고 아들이 찍어 보내 준 사진을 보며 여기저기 자랑하기 바쁘다.

　"야! 이거 구십만 원짜리야! 우리 아들놈 잘 어울리지 않냐?"

　그 아버지에 그 아들이다.

앞에서 언급했듯이 우리 아버지는 청소부이셨다. 행여 밖에서 초라한 모습의 아버지를 만날까 괜히 걱정했던 적이 한 두 번이 아니었다. 지금 아버지에게 상당히 죄스러운 것은 사실이지만, 아버지도 아마 알고 계셨을 것이다. 아버지는 새벽에 나가 점심때가 훌쩍 넘어 들어오셨다. 들어오실 때는 현관문도 열지 않은 채 "아빠 왔다!"를 외치며 밖에서 간단히 손발을 씻고 세수를 하고 들어오셨다.

하루 종일 먼지들과 함께, 그리고 쓰레기들과 함께 했으니 행여 자식들에게 냄새라도 풍길까봐 작은 배려를 해주셨던 것 같다. 하지만 그때는 그런 아버지의 마음을 미처 알지 못했다. 어린 마음에 나는 '왜 우리 아빠는 넥타이 매고 출근을 안 할까? 아빠는 글씨를 참 잘 쓰는데, 글씨만 보면 대학교수라 해도 믿을 텐데…"라고 생각했다.

늘 이렇게 아버지가 돈 잘 버는, 좋은 직장에 다니는 아버지가 아닌 것에 실망했던 것 같다. 아버지는 몇 년 후 내가 스무 세 살 정도 됐을 때, 그 청소부 일마저 그만 두셨다. 몸이 아파 힘드셔서 그만 두셨다니 누가 뭐라 그럴 수도 없었지만, 엄마는 아버지에게 "아직도 공부 가르칠 새끼들이 줄줄 인데 일을 그만 뒀다"고 구박했던 것이 기억이 난다.

아버지는 가장으로서의 도리를 해야겠다고 생각했는지 일 톤짜리 중고 포터차량을 준비하시고, 우리가 도로가에서 흔히 보는 노점 옷 장사를 하기 시작했다. 서울에서 직접 옷을 떼 와서 도로가에 차를 세워두고, 도로 옆에다 즐비하게 옷을 걸어두고 하는 장사 말이다.

하지만 그 마저도 여의치 않은지 장사가 잘 되지 않았고, 그 후로 무슨 일을 해도 잘 되지 않았다. 그 당시에는 엄마의 마음을 너무 아프게 해서 미웠던 적도 있었다. 하지만 지금 생각해보니 아버지의 심정이 이해가 간다. 아버지도 정말 잘 나가고 돈 잘 버는 아버지가 되고 싶으셨을 것이다. 다만, 그게 잘 안되었던 것뿐이지….

아버지들은 너무 무거운 무게의 짐들을 얹고 살고 있다. 그래서 점점 키가 작아지고, 어깨가 축 처지는 것일지도 모른다. 세상은 자꾸 막혀있고 살아갈 구멍은 점점 좁아지는데 아버지들에게 요구하는 것은 자꾸 커져만 간다.

'돈도 많아야 하고, 자상해야 하고, 일찍 들어와야 하고, 당당해야 하고, 가족들과 함께하는 시간도 많아야 하고, 그리고 잘 나가야 한다.'

젠장, 이 중 하나만 잘 하려해도 힘든 세상이다. 그런데 이 많은 것을 아버지에게 다 짊어지려하니 속이 턱턱 막힐 지경이다. 한마디로 말해 "돈 잘 벌고, 잘 나가는 아버지가 돼라!"라고 말하고 있는 것이다. 그래서 그렇게 되려고 밤낮 없이 일 하느라 정신없으면 "가정에 좀 충실해봐!"라고 말한다.

정말 환장하겠다. 어떻게 일찍 들어오고 가족과 함께 하는 시간을 늘리라 하면서, 돈 잘 벌고 잘 나가는 아버지가 되라는 것인지…. 아버지가 동네북도 아니고 여기가면 이 장단에, 저기가면 저 장단에 맞춰 그때그때 울리라 하는지…. 정말 환장하겠다. "어떤 아버지가 되고 싶냐?"는 질문에 어떤 아버지는 이렇게 대답했다.

"부자 아버지, 잘난 아버지는 바라지 않고 좋은 아버지가 되고 싶습니다."

정말 돈 잘 벌고 잘 나가는 아버지가 되는 것은 모든 아버지들의 희망사항이자 목표다. 그렇게 하지 못하는 아버지이기에 그냥 미안할 뿐이다. 하지만 자식들한테는 늘 당당하다. 적어도 정직하고 바르게 한 걸음, 한 걸음씩 오르고 있으니 말이다. 그래서 좋은 아버지가 되려고 하니 말이다. 비록 돈 없고, 잘 나가는 아버지가 아니어도 괜찮다. 천둥번개가 치면 아버지에게 달려와 품에 안겨 두려움을 떨칠 수 있다는 것 하나만으로 무능한 아버지라는 생각을 떨쳐버릴 수 있기 때문이다. 좋은 아버지가 될 수 있기 때문이다.

오늘도 산을 오른다. 그리고 벽에 부딪히기도 한다. 그래도 괜찮다. 아버지니까. 🎬

Episode. Ⅱ

남자, 한없이 작아질 때

마침내 나는 살아야 할 유일한 이유가
삶을 즐기는 데 있음을 알았다.

- 리타 메이 브라운 -

scene.1
서른, 잔치는 끝났다.

중학교 때 김광석의 『서른 즈음에』라는 노래를 처음 접했다. 10대 때 어울리지도 않는 노래를 들으며 무슨 말을 하는 건지, 가사의 의미가 무엇인지도 모른 채 그냥 흥얼거리기만 했다. 무슨 똥 멋이었는지, 카세트에 이어폰을 꽂은 채. 그때 들었던 그 노랫말의 기억이 문득 생각이 난다.

"또 하루 멀어져 간다.
내뿜은 담배 연기처럼.
작기 만한 내 기억 속에
무얼 채워 살고 있는지
점점 더 멀어져 간다.
머물러 있는 청춘인 줄 알았는데

비어가는 내 가슴 속엔

더 아무 것도 찾을 수 없네…"

10대 때 들었던 이 노래를 서른이 훌쩍 넘어 마흔을 앞 둔 지금 다시 듣고 있다. 서른이라는 나이에 그냥 그렇게 지나쳤던 노래가 마흔을 즈음해 생각나는 이유는 뭘까? 아마도 무의식적으로 서른에서 벗어나고 싶지 않은 듯 하다. 마흔을 앞두고 마흔의 문을 열기 싫은 마음이 무척 강한 것 같다. 분명 나에게 서른이라는 나이는 지나치기 싫은, 쉽게 넘고 싶지 않은 저 편 바다 같은 존재일지도 모를 일이다. 하지만 분명한 것은 내가 서른을 앞뒀을 때도 그랬다는 것이다.

2013년 12월 연말, 내 후배 녀석은 펑펑 쏟아지는 눈을 맞으며, 눈을 치우고 있었다. '눈을 맞으며 사색을 했다'라고 해야 더 좋은 그림이건만, 사색은 사치일 뿐 그저 눈을 치우느라 한 겨울에 땀을 뻘뻘 흘리고 있는 모습이다. 한 겨울에 입김은 폭폭 나오는데 등줄기에 땀은 주룩주룩 흐르는 느낌, 겪어보지 못한 사람은 이루 말 할 수 없는 오묘함을 안겨준다. 눈을 치우며 그 녀석은 갑자기 이런 말을 했다.

"어휴, 눈 치우다 서른 되겠네. 이십대의 마지막이라는 사실이 좀 처량하긴 하네. 젊은 놈이 이런 역사적인 시점에, 서른을 맞이하는 시점에서 눈이나 치우고 있으니 말이야. 이 아까운 힘을 이놈의 눈에게 퍼붓네 그려."

"야! 어디 쓸데도 없으면서 힘자랑이야? 서른 뭐 있니? 나는 나이 서른에 뭐 했는지 기억도 안 난다. 사실 아무것도 안 해도 스물아홉 하고 서른은 느낌이 아주 많이 다르긴 하지. 그치?"

스물아홉과 서른은 숫자로는 하나 차이지만 느껴지는 무게감은 거의 1톤의 차이였다. 그저 그렇게 아무 준비도 없이 오지 않았으면 하는 마음으로 맞이하는 게 바로 '서른'인 듯하다. 비록 숫자 하나의 차이지만 괜히 폭삭 늙은것 같고 청춘이라고 하기에는 좀 미안한 감이 드는 느낌. 이십대 청춘들과는 전혀 대화가 통하지 않을 것 같은 느낌. 가장 중요한 사실은 아줌마, 아저씨로 전락한다는 느낌이다.

"아! 젠장! 나이만 먹어가네!"라는 말밖에 나오지 않았다. 그때가 바로 내 나이 '서른'이었던 것 같다. 처음으로 나이 먹는 것을 느낄 수 있었던 시점 바로 '서른'이었다.

그래도 남자들의 서른은 여자들의 그것보다 더 낫다고 생각했다. 남자들의 서른은 결혼 적령기도 아니고, 그렇다고 재력이 무지 좋아야하는 나이도 아니다. 여자들처럼 임신을 하고 출산을 하는 일도 없으니 폭삭 늙지도 않을 것이다. 그리고 출산과 육아 때문에 무릎 통증과 허리통증에 시달리지 않아도 되는 나이이다. 그냥 스물아홉 이나 서른이나 다를 게 없다는 것이다. 그저 한 살 만 더 먹었지, 주

민등록증만 안 까면 모르는 것 아니겠는가? 서른이든, 마흔이든. 그런데 내가 생각하고 있는 것과는 달리, 남자들은 또 다른 면에서 서른이라는 나이를 넘기 싫은 나이라고 이야기 한다. 남자들에게 이런 아픔이 있었는지….

"나에게 서른은 무능함을 더 일깨워준 나이였던 것 같아. 스물아홉까지는 그래도 수험생이고, 학생이었는데. 공부를 늦게 시작해서인지 난 서른에 대학졸업을 했어. 남들은 스물여덟에 졸업해서 취직한답시고 공부하고 그러더라고. 그리고 또 취직도 하고 말이지.

내가 이십대 때는 전혀 신경 쓰지 않았는데, 서른이 되는 시점부터 난 무능한 남자가 돼 버렸어. 대학졸업도 늦게 했지, 거기다가 직장도 없지. 남들은 서른에 장가도 간다는데 난 여자도 없지. 나에게 서른이라는 나이는 정말 인생의 과도기였던 것 같아. 모든 게 스물아홉까지는 모두 용서가 되는 거야. 취직도 결혼도 외모도…. 그런데 서른부터 백수도 애인이 없는 것도 꼬질꼬질한 외모도 전혀 용서가 안 돼! 왜 그런 줄 알아? 서른이라는 나이가 베이스로 깔리잖아. 지금 생각해보면 내 서른은 그냥 그저 그랬어."

그에게 서른은 이십대의 청춘이 끝나던 시기, 그저 그렇게 지냈던 나이, 더 이상 청춘이 올 것 같지 않았던 무능한 한 남자의 시기….
그야말로 이십대의 잔치가 끝난 허무한 공간만 남아 있는 시기였다.

맞다. 그래도 나는 적어도 서른이라는 나이가 그저 그렇게 보낸 의미 없는 나이는 아니었다. 어떻게 보면 나에게 서른은 잔치가 시작되는 나이었는지도….

"나는 서른에 결혼했잖아. 사실 스물아홉에 결혼을 하고 싶었는데 그놈의 아홉수 때문에 서른에 했어. 결혼을 빨리 해야 남는 장사라고 그 당시 어른들이 막 그랬거든. 그래서 빨리 하고 싶었는데 이놈의 마누라가 아홉수에 결혼하면 잘 못산다고 해서 서른에 했지.

난 결혼만 하면 세상을 다 얻는 거라 생각했거든. 바보였지. 결혼하면 코 끼는걸 왜 몰랐을까? 결혼 하자마자 아이가 생기더니 점점 내가 내 마음대로 할 수 있는 것들이 없어지기 시작했어.

아이들은 자꾸 커 가는 바람에 들어가는 돈은 많아지고, 마누라는 돈 없다고 중얼거리고. 어우, 피곤해! 내 서른은 내 청춘을 앗아간, 빚 인생이 시작된 시기였어. 내 서른의 기억은 그 뿐이야. 그런데 지금 내가 마흔이 넘었는데, 그 서른이라는 나이가 가끔 생각이 나. 아쉬웠던 게 많아서인지, 하고 싶었던 게 많아서인지."

남자들은 대부분 서른을 전후로 결혼을 하거나, 취직을 하거나, 아니면 새로운 삶이 이어지기도 한다. 한 마디로 인생의 여러 가지 점 중에 출발점이라 해도 과언이 아닐 것이다. 그 출발점을 어떻게 시작하느냐에 따라 달라지는 것이 바로 삶인 것이다. 그래서 『서른 즈음에』라는 노래가 생겨났을지도 모른다.

'서른', 기억도 나지 않는 순간이었다. 먹고 살기 위해 나이 먹는 것도 모른 채 정신없이 달린 서른이었다. 이십대의 청춘을 뒤로하고, 서른이라는 과도기에 접어들면서도 늘 같은 이십대라고 생각하고 싶었던 그 때 그 시절.

남자들은 모두 그렇게 서른을 맞는다. 철없이 방황했던 사람도 있고 빚에 쪼들려 숨어 지낸 사람도 있고 아무 의미 없이 그냥 지나쳐 버린 사람도 있을 것이다. 새로운 희망을 안고 새해를 시작하는 것처럼 서른도 마흔도 오십도 그렇게 새롭게 시작하고 싶었을 것이다. 그런데 남자들의 서른은 모두에게 새롭지만은 않았다. 먹여 살려야 할 처자식도 생겼고, 제대로 된 직장에 취직도 해야 했고, 이십대처럼 흥청망청 철없이 놀지도 못했다. 순간, 늘 아무 생각 없이 맘껏 즐겼던 잔치를 끝내야하는 시점이 돼버렸다. 내 의지와는 상관없이 그저 남자라는 이유로 세상이 정해놓은 시계에 맞춰 서른은 그렇게 잔치를 끝내야하는 나이였다.

서른 즈음에, 남자들만의 잔치는 끝났다. 🐾

94

scene. 2
내 마음대로 할 수 있는 것?

  서른, 그들만의 잔치는 끝났다. 자유롭던 이십대를 뒤로 하고 서른을 즈음해 한 여자의 남편 그리고 아이의 아빠가 됐다. 절대 오지 않을 것 같았던 서른의 삶이 시작됐다. 그 서른 이후의 삶은 설명하지 않아도 알겠지만 대충은 짐작 할 수 있다.

  남자들이 결혼을 하고, 나이가 들기 시작하면 점점 마음대로 할 수 있는 것들이 줄어들기 시작한다. 그만큼 선택권이 없어진다는 뜻이다. 예를 들어 팬티 한 장을 사려해도 선택권은 늘 마누라 몫이다. 참, 그렇게 당당하고 팔팔했던 청춘은 어디 가고 이제는 팬티 한 장 내 맘대로 못사는 구질구질한 남자가 됐단 말인가? 이럴 때 남자들은 자유로운 선택권이 있었던 청춘을 그리워한다. 단지, 그리워 할 수밖에 없는 것 같다.

사무실로 큰 택배박스가 도착했다. 사무실 어느 남자직원 앞으로 배달 온 택배였다. 겉모습만 봐도 그것은 딱 옷이었다. 그는 택배를 받자마자 신나는 마음으로 뜯어봤다. 그리고는 잘 맞는지, 어울리는지 꼼꼼히 살펴봤다. 그 모습이 마치 어린 아이들이 선물을 받고 신나하는 모습과 같았다.

"옷 샀어요? 이야! 잘 어울리네. 근데 옷을 인터넷으로 샀어?"

"어, 괜찮니? 우리 마누라가 사서 보냈어!"

"그러면 그렇지! 혼자 할 수 있는 게 뭐가 있어? 난, 또 직접 고르고 산 줄 알았지!"

"야! 내 마음대로 옷 사면 나 무지 혼나. 이상한 거 고른다고 막 뭐라 그래! 차라리 골라 주는 거 입는 게 속편해. 안 그러면 1박 2일로 훈계하신다."

"으이그. 그래도 본인 마음에 드는 걸 골라야지! 우리 신랑은 무조건 자기 마음에 드는 거 고르는데."

"야! 내 맘에 안 들어도 그냥 입으면 되거든. 그러다 괜히 싸운단 말이야! 이것 봐봐! 안목이 괜찮지 않니?"

"그러긴 하네. 안목은 괜찮네."

"그렇지? 그냥 남자는 마누라가 골라주고, 시키는 대로 하기만 하면 가정의 평화가 유지 되는 거야!"

그는 아내가 사서 보내 준 옷 박스를 열어봤다. 그리고 "마음에 들던 말든 당연히 아내가 사준 옷을 입어야 한다"며 신나 있었다. 자기가 마음에 들어 하는 옷보다는 아내가 맘에 들어 하는 옷을, 자기가 먹고 싶어 하는 메뉴보다는 새끼들이 먹고 싶어 하는 메뉴를 선택하는 일이 이젠 그에게 일상이 돼버렸다. 비단, 이런 현상은 이 남자 혼자만의 일은 아닐 것이다.

『남자의 물건』의 저자 김정운 교수는 그의 책에서 다이어리를 꽤 자주 바꾼다고 이야기했다. 이는 '선택권이 무시된 채 살아가야하는 자신에게 보답하는 선물'이라는 개념으로 해석했다. 그는 마음대로 바꾸고 선택할 수 있는 것이 한정돼 있어서 그나마 본인 마음대로 바꿀 수 있다고 생각하는 것을 자주 바꾸는 재미로 선택의 자유를 누린다고 한다. 그 역시 남자들 중의 한 명으로 이미 선택권을 무시당하고, 마음대로 할 수 있는 무엇인가를 그리워하고 있었던 것은 아닐까? 그래서 자꾸 멀쩡한 다이어리를 갈아 치우는 것일지도 모른다. 마치 선택권의 자유를 추구하겠다는 심정으로 아내에게, 넓게는 이 사회에 외치고 있는지도 모른다.

'결정 장애'라는 말을 들어본 적이 있을 것이다. 그야말로 쉽게 결정을 내리지 못한다는 말이다. 이것을 선택하려고 하면 저것을 가지고 싶고, 저것을 선택하려 하면 이것이 더 나은 것 같은 그런 것 말이다. 그래서 쉽게 한 가지를 선택하는 게 힘이 든다는 것이다.

진모는 자신에게 어울리는 선글라스를 사기 위해 하루 온 종일 인터넷 컴퓨터만 뚫어져라 쳐다봤다. 여름이 다가오자 운전할 때 필요할 것 같고 이제는 나이가 들어서인지 노안으로 인한 눈을 보호하기 위해서다. 당장 백화점이라도 나가 사야하지만 시간도 여의치 않아 그냥 인터넷 쇼핑몰에서 구입하기로 결정했다.

일요일 아침부터 선글라스 구경에 여념이 없었다. 쇼핑몰에는 가지각색의 선글라스들이 즐비하게 전시돼 있었다. 디자인이 좋은 것도 있었고 가격이 착한 것도 있었다. 그런데 상품들이 너무 많으니 어떤 것을 선택해야 할지 쉽게 결정을 내리지 못했다. 몇 개의 선글라스 중 어떤 게 어울릴지, 어떤 게 가격대비 퀄리티가 좋은지, 요목조목 따지기 시작했다. 그러나 결정은 쉽게 내리지 못했다. 그래서 고민 고민하다 아내에게 조언 아닌 조언을 구했다.

"자기야! 이것 좀 봐봐! 이게 나은 것 같지 않아? 아니면 이게 더 낫나?"

"뭐야! 그냥 아무거나 사! 두 개가 다 비슷하네! 이 두 개로 고민이 되는 거야?"

"응! 이게 좀 더 나은 것 같은데. 디자인은 또 이게 나은 것 같아!"

"내 눈에는 별 차이도 없구만. 그냥 더 비싼 걸로 해. 비싼 게 더 좋은 거겠지."

"그럴까? 그래 그럼 이걸로 해야겠다."

그러나 그는 그 상품을 주문하지 않았다. 주문서 페이지에 갔다가 다시 이전화면으로 가서 두 가지를 놓고 또 다시 고민하고 있었다. 결정을 쉽게 내릴 수 없었는지 한 숨만 푹푹 쉴 뿐이었다.

"아직 안했어? 뭐야? 이리 줘봐! 내가 보고 주문해 줄게. 그래도 되지?"
"어, 어! 주문해! 진작 그럴 걸."

그의 아내는 답답하게 결정을 내리지 못한 진모를 대신해서 선글라스를 선택하고 주문까지 해줬다. 단 5분도 걸리지 않았다.

"했어? 잘 했어! 나 보다 자기 안목이 더 낫겠지!"

그의 결정 장애는 마음속에 있었다. 분명 자신의 마음에 드는 상품이 있었는데도 그는 아내의 도움을 받아 아내의 안목에 맞는 선글라스를 구입하게 됐다. 자신이 선택하고 결정하는 것보다 아내의 결정을 더 믿었다. 단지 아내의 결정이 맞는다고 생각해서가 아니라 아내의 마음에 드는 것, 아내의 마음에 드는 선글라스를 사고 싶었던 마음이었다. 왜? 그냥 그게 마음 편하니까.

남자는 결혼과 동시에 선택권을 포기해 버린다. 옷을 살 때도 양말을 살 때도 스스로 선택하지 못한다. 당장 백화점에 나가보면 알 수 있다. 대부분의 기혼 남성들은 항상 옆에 아내를 대동하고 매장 곳곳을 누비고 다닌다. 멀리서 보면 남성이 아닌 그들의 아내 것을 고르는 것처럼 보이지만, 자세히 보면 분명 남성복 매장이다. 남성들은 자신들의 것을 고르는 데도 늘 열중 셧 자세로 멀찌감치 구경만 할 뿐이다.

"이거 어때요?"
"어, 좋네! 그걸로 해!"
"자세히 좀 봐요! 이건 어때요?"
"뭐 그것도 나쁘지 않아!"
"진짜! 입을 사람이 골라야지, 어떻게 먼 산만 바라보고 있대?"
"어휴, 그냥 대충 골라서 빨리 가자. 입으면 다 똑같지!"

남자들은 이처럼 선택하는 데 있어서 귀찮고, 힘들어 한다. 그냥 아무거나 '대충 대충'이라는 생각으로 빨리 빨리 하고 싶어 한다. 그들도 결혼 전에는 온갖 멋을 다 부리며 자기가 마음에 들어 하는 것을 선택했다. 차를 사더라도, 옷을 사더라도, 양말을 사더라도, 미장원에 가더라도 스스로 선택하고 결정했다. 원래부터 선택을 못하는 결정 장애가 아니었다는 말이다.

그런데 결혼을 하고 난 후부터는 판이 180도 바뀐다. 반찬을 고르는 것도, 옷을 사는 것도, 머리를 자르는 것도 하물며 자기네 집에 가는 것도 모두 아내의 선택과 결정에 의존하게 됐다. 그게 더 마음이 편해서인지, 그렇게 하는 게 아내를 배려하는 것이라 생각하는 건지 모르겠다.

하지만 분명한 건 남자들은 점점 마음대로 할 수 있는 것이 없어진다는 것이다. 그래도 마음은 그게 편하단다. 하지만 내 마음대로 할 수 있는 다른 것을 찾고 싶은 마음이 새록새록 생긴다는 것은 어쩔 수 없지 않은가? 그리고 그 다른 것은 도처에 널려 있다는 사실이다. 그리고 그것들이 남자들의 마음을 보살펴 줄지도 모르는 일이다. 그런데 그게 어디에 있는지, 대체 무엇을 하고 싶은지….

중요한 것은 늘 마누라가 싫어하는 곳에 그 놈이 있다는 것이 문제다. 저 어두운 지하에 있는 그녀들처럼…. 🐾

scene.3
폭탄주만큼은 내 맘대로

집안에서 어떤 의사결정도 하지 못하고, 그렇다고 어떤 선택권을 가지지 못한 남자들에게 위로가 필요할 듯하다. 직장에 다녀야 한다고 해서 다니고 있고, 결혼을 해야 한다고 해서 결혼도 했다. 자동차 하나 내 마음대로 바꾸지 못하고 옷을 한 벌 사도 내 마음대로 사지 못한다. 새끼들 학원이나 과외를 결정할 때도 마찬가지다. 유일하게 그들 스스로 결정하고 마음대로 할 수 있는 곳, 과연 그곳은 어디일까? 바로, 술자리다.

남자들에게 술의 의미는 참 여러 가지다. 직장에서의 정보를 얻는 수단, 상사에게 좋은 점수를 받기 위한 수단, 친구들이 모여 겁 없이 자기자랑만 늘어놓을 수 있게 객기를 부릴 수 있는 수단이다. 그리고 가장 결정적인 의미는 마음대로 즐길 수 있게 해 준다는 것이다. 술의 힘을 빌러 상사에게 불평도 늘어놓을 수 있고, 오랜만에 만난 친구와 욕을 주고받으며 옛 추억을 이야기 할 수도 있다. 그리고 엄청 까칠할 것만 같은 직장동료와 친해질 수도 있는 곳이며, 이 술의 힘으로 마누라에게 큰 소리를 칠 수도 있다는 아주 중요한 의미를 가지고 있다. 특히 남자들의 술 문화는 그들만의 특별하고 재미있는 판이 형성되기도 한다. 그리고 모든 판은 술자리에서 180도 바뀌기도 한다.

얼마 전, 사무실 직원들끼리 회식을 했다. 남자 6명과 여자는 나 혼자였다. 일곱 명이서 옹기종기 모여 앉았고 안주가 나오기도 전에 맡겨놓기라도 한 듯 술을 달라고 아우성이었다.

"사장님! 여기 술 좀 주세요!"

"네! 어떤 거 드리지요?"

"야, 야! 뭐 마실까?"

"야, 그걸 말이라고 해? 말아야지!"

"오케바리! 사장님! 맥주 일단 열병하고, 소주 다섯 병 주세요! 아 맞다. 사장님 소주는 빨간 걸로 줘요!"

"이것 좀 봐라! 맥주 열병에 소주 다섯 병으로 어떻게 말려고? 맥주가 부족하잖아! 맥주 세 병 더 시켜!"

옆에서 이 모습을 보고 있다 깜짝 놀라 내가 한 마디 거들었다.

"이따 먹고 부족하면 시켜요. 아직 안주도 안 나왔고만 벌써부터 나가떨어지려고요?"

"상미야! 이 정도로는 술을 먹었다고 할 수 없어. 사장님! 술 주세요!"

말이 떨어지기 무섭게 사장님은 술과 폭탄주용 잔을 옮겼다. 술이 도착하는 순간 그 자리에서 최고 선배의 지시로 막내가 폭탄주를 제조하기 시작했다. 폭탄주를 제조하는 그를 우리는 일명 '제조상궁'이라 불렀다.

제조상궁은 먼저 빨간 뚜껑의 소주를 한 잔 넣고 나머지 공간에 맥주를 잔의 8할까지 채웠다. 그리고 모두에게 한 잔씩 돌렸고 다 같이 건배를 위해 잔을 한 가운데로 모았다. 이때 빠질 수 없는 것, 바로 건배제의다. 참으로 이상한 것은 사무실에서 무슨 말을 해보라고 할 때는 뒤로 쭉 빠지는 남자들이 건배제의 만큼은 술 넘어가듯 술술 이야기도 잘 한다는 것이다.

"이런 자리에 모여 우리가……."

한 사람의 건배제의가 끝나면 바로 원 샷으로 한 잔, 제조상궁은 또 다시 제조, 그리고 또 건배제의라는 순서로 나름 룰이 만들어져 있다. 그런데 한 잔 두 잔의 술이 더해지면서 어디서 그런 입담이 나

왔는지 의심스러울 정도로 남자들의 목소리는 점점 커져만 갔다. 여기저기서 바른 말을 하기도 하고, 또 쓸데없는 말을 하기도 한다. 폭탄주를 만들다가 마음에 안 들면 소주를 더 들이 붓거나, 누가 또 조금만 달라고 사정하면 더 괘씸해서 소주를 더 들이 붓는다. 어느 누구도 그런 행동에 대해 딴죽을 걸거나, 시비를 거는 사람은 없었다. 그것뿐만이 아니다. 술을 마시며 상사에게 서운한 것을 이야기 하거나 실수로 반말을 해도 모두 용서가 된다. 술을 마시지 않았을 때는 전혀 그럴 것 같지 않던 직원들도 술이라는 놈이 목으로 넘어가자마자 어디서 그런 용기가 생기는지 선배한테 대들고, 말대꾸도 하고, 주는 술을 거절해 보기도 한다.

참, 술이라는 녀석은 정말 신기한 마력이 있는 듯하다. 그렇게 남자들은 자기가 하고 싶은 대로 소주와 맥주를 이렇게 섞고 저렇게 섞기도 한다. 어느 누가 강요하지도 않고 어느 누구도 태클을 걸지 않는다. 그냥 주는 대로 받는 것이다. 주거니 받거니 다들 거나하게 술에 취해있었지만 그들은 무척 행복해 보였다. 집에 있는 마누라를 안주로 삼았는지 불판위에 고기는 그대로 남아있었다. 안주도 제대로 먹지도 않고 어떻게 배합 됐는지 알 수 없는 정체모를 폭탄주로만 배를 채우고도 행복하단다. 그 다음날 자신들의 운명을 예견하지 못한 채….

그래도 테이블 위의 소 등골은 언제 또 다 먹었는지 빈 접시만 놓여 있었다. 그들의 회식은 늘 이렇게 요란스럽고 재미있었다.

남자들이 회식을 한다고 하면 얌전히 1차로 끝나리라는 희망을 버려야 한다. 오랜만에 그들끼리 모여 그들이 하고 싶은 일을 마음대로 할 수 있는 시간이 바로 회식 날이다. 그런데 서운하게 1차만 끝내고 서로 '빠이 빠이'를 외치며 집으로 돌아갈 수 있겠는가? 말도 안 되는 소리다. 그들의 2차는 늘 이렇게 시작된다.

"어휴, 이제 먹었으니 좀 깨러 가야지!"

술을 깨러 가자고 했던 곳은 바로 당구장이다. 취중 당구라는 말을 들어봤는지 모르겠지만, 다 거기서 거기 수준의 당구를 치면서 오로지 취중에 누가 정신을 똑바로 차리느냐에 따라 승패가 좌우되는 게임이다. 물론 당구를 치다보면 1차 때 먹었던 술이 서서히 깨기 시작하고 끝날 무렵이 되면 또 다시 술이 생각나기 마련이다. 3차를 위한 준비 단계에 접어든 것이다. 술이 깼으니 먹으러 가자며 참 여러 가지 핑계를 댄다. 술의 힘이 위대하다는 것을 새삼 느낄 수 있는 시점. 그 시점이 바로 이렇게 3차를 준비하는 시점이다.

어느 누구도 반대하는 사람이 없다. 아니 반대할 수 있는 정신이 없는 것인지 그냥 옹기종기 서로의 등을 보며 따라가기 바쁘다. 3차는 간단히 한 잔을 위한 호프집이었지만, 그 3차에서는 간단히 하고 나올 수 있는 상황이 안 된다. 왜냐하면, 또 다시 폭탄주가 등장하기 때문이다. 제대로 된 취중에서 마는 폭탄주는 제조의 의미가 아닌 그냥 술에 술을 탔다고 해도 과언이 아니다. 그렇게 그들의 회식 시간은 저물어간다. 다음 날의 고통을 예견하지 못한 채….

"주임님! 괜찮아요? 어제 술 엄청 했잖아요? 속 괜찮대?"

"야! 나 죽겠어. 어제 대체 몇 병을 마셨지?"

"으이그, 징허게도 마시더니 내 이럴 줄 알았지! 어제 또 언니랑 안 싸웠어?"

"야! 몰라! 아침에 마누라가 날 거들떠보지도 않더라고."

"또 술 먹은 김에 큰 소리 쳤지? 그냥 고이고이 들어가 자라니까."

"난 아무생각도 안나. 근데 내가 그냥 넘어가진 않았겠지? 나도 모르겠다. 지금 그게 중요한 게 아니야. 속이 울렁거려서 미치겠어!"

"그러니까 좀 적당히 마시지! 3차가 뭐냐? 3차. 어제 보니까 폭탄주도 소주가 반 이상이던데. 생각만 해도 내 속이 울렁거려! 그런데 언니한테는 어떡하나? 어떻게 술만 먹으면 그래? 평소에는 그러지도 않다가."

"야! 네가 좀 말리지 그랬어. 술 좀 그만 먹으라고."

"아주 웃겨요. 술 먹으니 남자들 세상이던데. 좋다고 떠들고 난리던데. 그걸 내가 어떻게 뜯어 말려? 그렇게라도 즐겨야지!"

"맞아. 네가 남자들 마음을 알아주는구나. 남자들이 평소에 마누라한테 대들고 그럴 수 있을 것 같아? 다 술 먹어서 용감해져서 대들고, 싸움도 걸어보고 그러는 거야. 절대 맨 정신이면 못하지. 그리고 술심을 빌려서 직원들끼리 재밌게도 즐기고, 윗사람한테도 들이대고 하는 거야! 똑같이 술김인데, 그렇지 않니? 남자들이 자기 마음대로 할 수 있는 게 뭐가 있겠어. 술 먹고 좀 해보고 싶은 거 해보고, 마누라한테 큰 소리도 질러보는 거지."

"그건 그런데, 중요한 건, 주임님 오늘 어떻게 해? 언니한테 어떻게 했는지 안 봐도 뻔해. 오늘 어떻게 풀 거야?"

"그러게, 오늘 저녁에 어떻게 하지? 이놈의 술이 웬수다 웬수. 미안하다고 잘 못했다고, 마누라 이쁘다고 또 달래줘야지! 맨 정신에 안 되면, 또 한 잔 하고 하던지. 젠장!"

"형! 해장하러 가자!"

술심을 빌려서야 비로소 남자들은 하고 싶은 말을 하고, 하고 싶은 행동을 한다. 특별한 선택권도 없이 흘러가는 세상 속에서 한 번쯤은 남자들도 세상에 들이대고 싶을 것이다. 마누라 눈치 안 보고 술값도 펑펑 내고, 자동차도 갈아치우고, 회식도 마음대로 하고 싶은 마음은 늘 남자들의 바람이다.

남자, 내 마음대로 할 수 있는 것은 별로 없다. 하지만 폭탄주를 위해 술을 고르고 배합하는 것은 마음대로 할 수 있지 않은가?

비록, 세상이 터치만 하면 내 마음대로 움직이는 스마트폰처럼 흘러가지는 않지만….

scene.4
개보다 못한 내 인생

얼마 전, 어떤 민원인이 사무실에 길을 묻기 위해 찾아왔다. 그런데 그분의 품에 안겨있던 애완견의 모습을 보고 나는 깜짝 놀랐다. 동물이지만, 정말 친자식처럼 꼭 껴안으며 머리를 쓰다듬어주는 모습에 미소가 절로 나왔던 것이다. 내가 봐도 정말 사랑 받고 있다는 느낌을 받을 정도였다. 내가 애완견을 키우지는 않지만, 예쁘고 사랑스러웠다. 그런데 길 안내를 받고 민원인이 사무실 밖을 나가자마자, 사무실 남자직원이 구시렁거리기 시작했다.

"나보다 팔자가 더 좋네. 돈도 안 벌고 가만히 있어도 저렇게 사랑 받는데, 나는 돈을 벌어다 줘도 구박만 당하는데."

그의 말을 듣자마자, 나 역시 이렇게 말했다.

"부장님보다 개가 낫다. 그치?"

그는 내 말을 듣고, 웃고 있었지만 웃는 게 웃는 게 아니었다. 정말 자신의 인생이 개만도 못하다는 생각을 했는지, 일명 '썩소'를 머금고 있었다.

남자가 결혼을 하면 인생의 판이 바뀌게 된다. 결혼하면 늘 아내에게 존경받으며 아침마다 따뜻한 밥을 얻어먹고 깨끗이 빨아준 백옥과 같은 셔츠를 입으리라 말도 안 되는 착각을 한다. 물론 착각은 착각일 뿐 현실은 180도 다르다.

헤어지기 아쉬워 결혼했던 아내가 눈을 떠보면 옆에서 잠들어 있고 된장찌개 보글보글 끓여 아침밥을 준비해 주기도 한다. 눈을 뜰 때부터 잠이 들 때까지 방긋방긋 웃으며 바라보고만 있고 와이셔츠는 하얗게 세탁해 옷걸이 걸어두기도 한다. 결혼이라는 환상을 만들어 주는 소박한 모습이다. 하지만 이런 소박한 행복은 그리 오래 가지 못한다.

맞벌이부부는 신혼여행이 끝난 후부터 전쟁이 시작된다. 이들 부부는 아침에 눈 뜨고 출근하기 바빠 물이라도 한 잔 먹으면 감사하게 생각한다. 그리고 저녁은 늘 보글보글 끓인 된장찌개를 사먹기 일쑤다. 결혼의 소박한 행복은 그저 먹고살기 위한 전쟁으로 바뀌게 된다.

아내가 임신을 하게 되면 그때부터 갑과 을의 위치가 180도로 바뀐다. 그냥 앉아서 "이거 먹고 싶다, 저거 먹고 싶다"를 말하기만 하면 남편은 '이리 갔다' '저리 갔다' 하면서 아내를 위해 발에 땀이 나게 뛰어 다닌다. 아내가 힘이 들까봐 아침 저녁밥을 요구하지도 않고 와이셔츠는 그냥 세탁소에 맡기기 시작한다. 그렇게 남자들의 진정한 결혼생활이 시작된다.

올해 마흔이 훌쩍 넘어 마흔 한 살이 된 남자가 있다. 남자로 태어나 남자답게 살고 싶었다. 하지만 "이렇게 사는 인생이 남자다운 것인지 회의감이 들 때가 있다"며 한 숨을 푹푹 쉬며 푸념을 시작한다.

"젊었을 때는 안 그랬는데, 요즘은 왜 이리 내 인생이 허무하냐? 그냥 나는 일을 해야 하니까 하는 거고, 아이를 낳아야 한다고 하니까 아빠가 된 것 같아. 뭐 남자가 결혼하면 선택 결정권이 없다는 것은 알지만 그냥 이렇게 사는 게 좀 허무하네."

"왜요? 무슨 일 있었어요? 아이들하고 또 무슨 일 있었구나?"

"아니야! 애들이 뭔 죄야. 그 놈들은 잘못이 없지. 문제는 마누라야."

"왜? 왜 싸웠어요?"

"싸우기는, 그냥 나 혼자 속상해 하는 거지. 내가 속상한지도 모를 거다."

"애들 엄마가 뭐 바보예요? 그런 것도 모르게? 산 세월이 얼마인데 얼굴 표정만 봐도 알지."

"그런 사람이 나한테 그러면 안 되지! 솔직히 내가 뭐 특별히 잘하는 것은 없지만 마누라가 시키는 일은 군소리 안하고 잘 했거든. 냉장고에서 뭐 꺼내두라고 하면 꺼내놓고 베란다 창문 좀 닫으라 하면 닫았어. 그리고 세탁기 좀 돌리라고 하면 돌렸고 마트에서 시장 좀 보라고 하면 장도 다 봐놨지. 그 정도야 뭐 당연히 해야 하는 일이니까 아무 불만 없단 말이야. 아니 근데 가면 갈수록 특히 요즘은 도가 너무 지나치잖아. 나를 무슨 몸종으로 생각하는지 '이리 오라, 저리 오라, 이거 가져와라, 저거 가져와라'하면서 자꾸 앉아서 시키는 거야. 전화상으로도 시키고, 스스로 할 수 있는 일인데도 나한테 시킨다니까. 나는 진짜 그래도 일 끝나고 집에 가서도 내가 할 수 있는 일이면 집안일도 알아서 잘하고 있어. 내가 싫든 좋든 말이야."

"그런데요? 그동안 그렇게 살았으면서 갑자기 왜 그러는데요?"

"그런데, 이틀 전에 아이들이 애완견을 키우고 싶다 해서 애들 엄마가 한 마리 사줬나봐. 물론 그 전부터 계속 무슨 이야기가 있었겠지. 근데 나한테는 한 마디 상의도 안했거든. 난 이틀 전에 처음 알았어. 애완견 그 녀석이 우리 집에 온 날. 그 녀석이 왔는데 온 가족이 나는 거들떠보지도 않고 모두 그녀석만 바라보는 거야. 내가 집에 있는지, 밥을 먹었는지는 전혀 관심이 없는 거지. 마누라는 내 밥은 신경도 안 쓰면서 그 녀석 밥은 제때 챙기는 거야. 정말 미치고 환장할 노릇이지. 거기다 지들이 하기 싫은 것은 꼭 나한테 시켜! 개

똥 치우는 거나, 목욕시켜야 할 일이 있을 때는 온 식구가 '아빠'를 외치고 난리야. 내가 그 녀석 똥 치우는 사람이니? 내가 그 녀석 똥을 치우고 있으면 정말 내가 개보다 못한 놈이라는 생각이 자꾸 들더라고. 그래서 요 며칠 좀 그러네. 정말 개만도 못한 것 같아서."

그는 적어도 한 집안의 가장이고 돈을 벌기 위해 일을 하는 사람이다. 한 아내의 남편이고 두 아이의 아버지다. 마땅히 존경받고 인정받아야할 대상이지만 가족들은 생각만큼 자신을 인정해주는 것 같지 않다고 생각한다.

자신이 어떤 일을 하면 당연히 해야 하는 것이고, 궂은일은 꼭 자신이 해야 한다는 생각을 갖고 있는 가족이 가끔은 원망스럽다고 한다. 오죽했으면 개와 자신을 비교해야하는 이 현실에 화가 나고 창피할 정도라고 하겠는가?

이 일 이후 나는 제주도에 여행을 간 적이 있다. 하룻밤을 묵었던 펜션이 있었는데 그곳은 양떼목장이었다. 넓은 잔디밭에서 양떼를 풀어놓고 양떼몰이를 하는 잘 훈련된 개들이 뛰어 다니고 있었다. 그 개들은 주인의 신호에 뛰어오고, 뛰어가고, 다시 뛰어오며 주인에 대한 충성심을 아주 잘 발휘했다. 원반접시를 던지면 물어오고 부메랑을 던지면 뛰어가서 낚아채오기를 몇 번 반복하면 늘 잘 했다고 칭찬하며 주인은 머리를 쓰다듬어 줬다. 그 머리 쓰다듬기가 일에 대한 대가였던 것이다. 하필 사람을 그것도 대한민국의 남자들을 동물에 비유해서 좀 미안하긴 하지만, 남자들에게 돌아가는 어떤 대가나 보상이 부족하다는 것을 느낄 수 있었던 장면이었다.

돈을 벌어오면 그에 대한 대가로 용돈을 받아야 하고, 집안일을 했으면 그에 대한 대가로 '고맙다'라는 말을 들어야 한다. 하기 싫은 일을 대신 해줬으면 '고생했다'라는 말을 들어야하고 아무나 하지 못한 일을 했으면 '대단하다'라는 말을 들어야 한다. 남자뿐만 아니라 세상의 모든 사람, 남녀노소를 불문하고 어떤 일에 대한 대가는 받아야 한다는 것이다. 그렇다고 큰 대가를 바라는 것도 아닌데 그게 어려운 모양이다. 그래야 살맛이 나지 않겠는가. 그래야 일 할 맛이 나지 않겠는가. 그래야 힘든 일도 궂은일도 할 맛이 난다. 살맛이 나면 삶의 의미도 느낄 수 있다.

아이가 착한 일을 했으면 엄마는 "참 잘했다"라며 칭찬해 준다. 학생이 인사를 잘하면 선생님이 "참, 예의가 바르네"라며 고개를 끄덕여 준다. 직장에서 일을 잘 해내면 상사는 "일 처리 정말 끝내주네!"하며 아무 말 없이 엄지손가락을 치켜 올려준다. 그런데 남편들이 빨래를 해서 널어놓으면, 아내는 "좀 탁탁 털어서 널지. 이러면 구겨지는데"라며 핀잔을 준다. 애써서 했는데 칭찬은커녕 욕만 먹는다. 그래도 가족이기에 남자들은 먹었던 욕을 까맣게 잊은 채, 다시 하던 일을 또 한다. 불만은 많지만 그냥 구시렁거리기만 할 뿐이다.

구시렁거리지 말고 지금 주변에 있는 노점상들을 잘 살펴보자. 작은 리어커 앞에서 제각기 일에 매달려 분주히 움직이는 사람들이 있다. 떡볶이집, 튀김가게 등등 옹기종기 모여 열심히 일을 한다. 그 좁은 공간에서 불만 없이 일을 하는 사람들을 보면 나 자신이 부끄러울 때가 있다. '개만도 못한 내 인생'이라며 불평하더라도 적어도 책상에 앉아 일을 하는 나를 생각하면 더 이상 불평할 수 없을 것이다.

개가 주인 말 잘 들으면 머리라도 쓰다듬어 준다. 그런데 아무리 잘 해도 머리 한 번 쓰다듬어 주는 사람이 없다며 개만도 못하다고 불평하지 마라. 우린 개가 아니고 남자니까. 🐾

scene.5

말귀 못 알아듣는 것도 서러운데

사람들은 자신의 생각과 다른 대답을 하거나, 행동을 했을 때, 이렇게 말한다.

"진짜 말귀 못 알아듣네. 답답해서…."

당연히 내가 생각하는 답이 나와야 하는데, 갑자기 뚱딴지같은 대답이 나오면 자주 하는 말이다. 사람은 본래 자기 말이 맞는다고 생각하는 이기적인 성향이 있기 마련이지만, 남자와 여자 사이에서는 이 현상이 더 두드러지는 것 같다.

얼마 전, 나는 미용실에 가서 비싼 돈을 지불하고 머리를 했다. 촌스러운 아줌마 파마가 아닌 세련된 자연스러운 펌을 하고 염색까지 했다. 사실 머리 하는데 그렇게 많은 돈을 들이는 게 손이 떨렸지만

116

큰 맘 먹고 그 돈을 내 머리칼에 투자하기로 결심했다.

"어디야? 미용실이야?"

미용실에 있는 나에게 남편은 어디냐며 전화를 했다.

"응, 머리 하려고."
"어떻게 하려고? 자르게?"
"아니, 펌 할 거야! 염색도 하고! 시간 많이 걸리니까, 그리 알아!"
"알았어! 예쁘게 하고 오세요!"

남편은 흔쾌히 나만의 시간을 허락했고, 나 또한 기분 좋게 헤어스
타일 변신을 시작했다. 몇 시간이 흐른 뒤 새로운 헤어스타일이 완
성됐다. 자연스럽고 머릿결도 좋아져 한결 기분이 좋아졌다. 새로
머리 좀 했을 뿐인데, 몸이 가벼워진 것을 느낄 수 있을 정도였다.

"나 왔어!"

새로 한 내 머리를 봐 달라고 웃으며, 눈만 깜빡이며 쳐다보고 있
었다.

"어, 왔어? 빨리 저녁밥 먹자!"

엥? 이건 또 무슨 시추에이션인가? 분명 비싸게 돈을 주고 한 머리인데, 예쁘다는 말 한 마디가 나오지 않는 게 말이 된단 말인가? 그래서 난 일부러 더 시간을 끌었다.

"어, 알았어! 애들은 어디 있어?"
"방에 있어! 얼른 저녁 먹자!"

내가 무슨 밥만 하는 여자인가? 나만 보면 밥 먹자고 하게 말이다. 계속 쳐다보면서 머리 스타일이 바뀌었는지도 모르는 것인지, 순간 약이 올랐다. 그런데 그때, 날 발견한 아이들이 뛰어 나오면서 말했다.

"엄마! 머리 파마 했어? 근데 왜 하나도 안 꼬불꼬불 해?"
"이놈들아! 그럼 엄마가 할머니처럼 뽀글뽀글 파마 하면 좋겠어?"
"엄마! 그런데 머리가 변한 게 없잖아! 똑같은 거 같아!"

아이들의 말에 내 말문이 턱 막혔다. 물론 아이들은 아직 어리고 파마라는 것은 뽀글한 것만 생각하니 그럴 수 있다고 생각했다. 그런데 내 말문을 막히게 한 것은 어처구니없는 남편의 반응이었다.
"야! 넌 머리에 뭐 했니? 아무 티가 안 나는데? 뭐 했어? 그게 얼마짜리냐?"

　나는 적어도 집에 들어 왔을 때 머리를 보고 "오~ 머리 잘 어울리
네!"라며 새로 했다는 것을 알아주기만을 바랐다. '예쁘다' '고급스럽
다' 뭐 이런 말 까지는 아니어도 적어도 내가 머리를 새로 한 것을 알
아주기만 말이다. 그런데 남편은 알아주기는커녕 애써 하고 온 머
리에 뭐 했냐며, 들뜬 내 마음을 왜 이리 김빠지게 하는지 속이 상했
다. 마음에 없는 말이라도 그냥 "예쁘다"는 말 한 마디를 해주면 안
되는 것인가?

　참, 말도 안 통하지만 맘도 안 통하는 사람이다 생각했다. 연애할
때는 안 그러더니 나이가 들어서인지 입에 발린 소리 한 마디도 가면
갈수록 듣기 어려워지는 것 같다. 그래서 그냥 나는 누가 알아 줬으
면 하는 마음은 이미 접은 채 저녁을 준비했다. 예쁘게 스타일을 잡
아 놓은 앞머리를 미용실 집게로 질끈 꽂은 채….

　"정말, 말귀 못 알아먹네!"

　말 귀 못 알아먹는 사람은 비단 내 남편만이 아니었다. 이상하게
남자들은 보통 여자가 말하는 것을 잘 알아듣지 못한다. 여기서 '잘
알아듣지 못한다'라는 것은 귀가 잘 안 들린다는 의미가 아니다. 여
자가 말 하는 의미를 잘 이해하지 못한다는 의미다.

같은 사무실에 근무하는 남자직원이 주말에 아내와 싸운 일을 이야기하며 열을 올렸다. 별 일도 아닌 데 아내가 괜한 트집을 잡는다며 주말에 싸운 일을 술술 얘기하기 바빴다. 그 부부는 모처럼 주말에 백화점에 쇼핑을 나갔다고 했다. 그리고 백화점 1층 매장, 즉 명품과 화장품, 액세서리로 가득 찬 곳을 가게 됐다고 한다.

여기저기 화려하고 반짝이는 것들과 향기가 그득한 것들로 모인 곳, 굳이 설명하지 않아도 나는 그 모습과 향기를 알고 있다. 1층 매장 주변을 여기저기 둘러보는데, 그의 아내가 선글라스가 진열된 매대 앞에서 발을 멈췄다고 한다. 그러면서 이것저것 선글라스를 착용도 해보고 거울도 보며 즐거워했단다. 그리고 맘에 드는 선글라스를 발견했는지 딴청을 피우던 남편에게 선글라스를 보여주며 "예쁘지?"라고 툭 말을 걸었다. 그러자 남편은 "응, 예쁘네. 비싸 보여!"라고 한 마디 툭 날리고 또 스마트폰으로 딴청을 피웠다.

"이건 어때? 이것도 예쁘지! 그런데 이건 좀 비싸네!"
"응, 예쁘다니까. 비싸네!"

역시 한 마디 툭 날리는 게 전부였다. 아내는 그런 남편에게 좀 서운했지만 그러려니 하고 다른 매장으로 발을 옮겼다. 그리고 몇 걸음 지나지 않아, 이번에는 스카프 매장 앞에서 발검을 멈췄다.

"이거 정말 분위기 있고 고급스럽다. 어때?"

스카프를 두르고 남편에게 웃으며 보여줬다.

"어! 그러네. 고급스럽네!"

남편은 또 다시 고급스럽다는 말 한마디를 할 뿐 더 이상 말을 잇지 않았다. 솔직히 기분은 좋지 않았지만 오랜만에 남편과 데이트를 하는 아내는 별 일도 아닌 일로 싸우기 싫어 그냥 참았다. 그런데 별안간 남편은 옷을 사야겠다며 남성복 매장으로 아내를 데리고 갔다. 아내와 함께 남성복 매장에서 옷을 고르기 시작했다. 아내는 자신에게 관심 없는 남편이 미워 대충대충 살펴보았다. 남편은 이 옷, 저 옷을 입어보며, 그 중 가장 마음에 드는 옷을 구입했다. 아내는 그런 남편이 얄미웠는지 백화점에서 나와 집에 가는 차 안에서 아무 말도 하지 않았다. 그런 아내가 이상했는지, 남편은 아내에게 물었다.

"왜 그래? 뭐 기분 안 좋은 일 있어?"
"아니야! 없어!"
"그래! 알았어!"
아내의 '없다'는 한 마디 말에 '알았어!'라는 말 한 마디로 끝내는 남편 모습을 보고 아내는 화가 나서 먼저 말을 꺼냈다.

"내 얼굴 보면 뻔히 화 난 줄 알면서 어떻게 딱 한번 물어보냐?"

"아니, 네가 없다고 했잖아!"

"그래, 나 화 났다. 왜 화 났는지 모르는 거야?"

"네가 왜 화가 났는지 내가 어떻게 알아! 네가 말을 안 하는데!"

남편의 말에 아내는 속이 터지는 얼굴로 말했다.

"그걸 꼭 말로 해야 알아? 표정 보면 알고, 눈치 보면 알지 않아?"

"말을 해야 알지! 말해봐! 왜 화났는데!"

"나도 선글라스도 사고 싶고, 스카프도 사고 싶었단 말이야!"

"사지 그랬어! 왜 안 샀어? 아까 선글라스도 써보고, 스카프도 해보더니!"

"사란 말을 안했잖아! 비싼 걸, 사란 말도 안하는데 어떻게 선뜻 사니?"

"네가 언제 내가 사라고 해야 샀니? 그리고 네가 사고 싶다는 말을 안 했잖아!"

"그걸 꼭 내 입으로 산다고 말을 해야 사는 거야? 내 표정 보면 몰라? 선글라스하고 스카프 보면서 예쁘냐고 물었잖아! 그게 사고 싶다는 말이지!"

"야! 그게 어떻게 사고 싶다는 말이야! 예쁘냐고 물어봐서 예쁘다 한 건데. 물어본 말에 대답만 잘했구만."

"연애할 때는 안 그러더만 늙었나봐!"

이 부부의 싸움은 안 봐도 뻔했다. 남자와 여자의 싸움은 늘 이런 것에서 시작되기 때문이다. 나 역시 미용실 갔다 왔는데도 몰라주는 남편 덕분에 혼자 서운해 했던 적이 한 두 번이 아니었다. 하지만 남자들도 할 말은 있다. "도대체 왜 여자들은 뱅뱅 돌려서 물어보냐"는 것이다. 한 번에 그냥 직접 말 하면 되지, 꼭 뱅뱅 돌려 무슨 말을 어떻게 하는지 감시당하는 기분이란다. 그리고 또 어떻게 대답해야 맞는 건지도 잘 모르겠단다. 이게 정말 예뻐서 물어보는 것인지, 사고 싶어서 물어보는 것인지, 비싸서 못 사고 있는 것인지, 그리고 파마를 한다고 했는데 머리가 꼬불거리지 않아서 정말 파마를 한 게 맞는 것인지 정말 모르겠단다. 그래서 정말 몰라서 그렇게 되는 것인데, 마누라가 버럭버럭 화를 내고 짜증을 내니 화내는 이유도 잘 모르는 것이다.

남자들이 말 귀를 못 알아듣는 것은 나이 때문이 아니다. 그건 뱅뱅 돌려 이야기하는 여자들만의 언어 때문이다. 당장 여자가 될 수도 없고, 그냥 여자들이 좀 바뀌어 주면 안 되겠는가? 여자어로 말하기를 가르쳐 주는 곳은 없는 것일까? 참, 어렵다. 🐾

scene.6
엄마는 힘들고 아빠는 당연하다.

세상의 남자들은 태어날 때부터 일을 하고 돈을 벌어야하는 존재로 여겨졌다. 일을 하지 않으면 이상한 사람 취급을 받을 정도로 당연히 그래야 한다고 배웠다.

여자는 일을 안 하고 집에서 살림만 해도 이상하지 않다. 하지만 남자는 일을 안 하고 집에서 살림만 한다면 '미친 놈'이라는 소리를 듣는다. 그만큼 남자는 일을 하고 돈을 벌어야하는 존재인 것이다. 그런데 남의 돈을 번다는 것은 쉬운 일이 아니다. 때로는 욕도 먹고, 자존심을 구겨야 하며 마음에 없는 좋은 말만 해야 할 때도 있다. 그것 뿐인가? 나이가 들수록 딸리는 힘 때문에 젊은 사람들 따라가기가 참으로 힘들 때도 많다. 대한민국의 아빠들은 알게 모르게 이런 아픔을 안고 사는 사람들이다.

퇴근을 하고 거나하게 술에 취해 집에 들어 간 영식은 아들 녀석에게 크게 혼이 났단다. 이제 머리가 커진 아들이기에, 틀린 말을 하지 않는 아들에게 말대꾸를 할 수 없었다고 한다. 자신보다 한참 어린 아들에게 혼이 난 이유는 대충 이렇다.

영식은 회식이 끝난 후 술에 취해 집에 들어갔다. 정확히 밤 12시가 되기 5분 전이었는데, 다른 날과 다르게 아들놈이 영식을 기다리고 있었다.

"아빠! 왜 이렇게 늦게 들어오세요? 또 술 먹었어요?"
"어! 아들! 아직 안 잤어? 이 애비 기다렸어?"

아들이 자신을 기다렸다는 생각에 기분이 좋아, 술 냄새를 펄펄 풍기며 아들에게 두 팔을 벌리며 다가갔다.

"왜 그러세요? 술 냄새 나요! 저리 가세요! 늦게 들어오면 미리 전화 좀 하면 안 돼요? 왜 아빠는 만날 엄마를 힘들게 하세요!"

아들의 말에 술에 취한 영식은 어이가 없어 소리를 질렀다.

"야! 이 녀석이 누구한테 큰 소리야? 너는 학교에서 그렇게 배웠어? 그리고 내가 니 엄마를 언제 그렇게 힘들게 했다고 그래? 머리 좀 컸다고 이제는 애비한테 큰 소리나 치고. 여보! 당신 애를 어떻게 키웠기에 이 모양이야?"

"아빠! 왜 엄마한테 뭐라 그러세요? 그럼 만날 늦게 들어오고, 술만 먹고 오고, 쉬는 날에는 피곤하다고 자기만 하느라 엄마도 안 도와주면서 아빠는 뭐 잘했다고 그러세요? 제가 봤을 때는 아빠는 엄마를 너무 힘들게 해요. 엄마는 하루 종일 집안 일 하느라, 우리 챙기느라 정신없이 사는데요. 아빠는 엄마를 도와주려 하지도 않고, 만날 술만 먹고 늦게 들어오잖아요. 엄마가 얼마나 힘들겠어요. 요즘 여기저기 안 아픈 곳이 없다는데, 좀 빨리 들어와서 엄마 좀 도와주시면 안 돼요?"

아들의 말에 영식은 더 이상 말을 이을 수 없었다. 아들의 말이 다 맞아서가 아니라 같은 남자 녀석인 아들마저 지 애비를 이해하지 못한다는 마음에 속상한 마음이 컸기 때문이다. 이상하게도 자식들은 엄마는 항상 힘들고, 아빠는 술만 마시며 엄마를 힘들게 하는 존재로 여긴다는 생각에 아들에게 서운한 마음이 들었던 건 사실이었다.

"야! 이 녀석아! 너는 네 애비가 밖에서 어떻게 돈을 버는지, 어떻게 일을 하는지, 얼마나 힘들게 버티는지 그건 모르는 거야? 그러는 네 애비는 안 힘들고, 집에서 살림하는 엄마는 죽도록 힘들다고 생각하는 거야? 뭐 나가만 있으면 돈이 저절로 생기는 줄 아니? 가만히 있으면 월급이 따박따박 통장으로 들어오는 줄 알아?"

"아빠! 그건 당연한 거잖아요. 아빠는 가장이니까 당연히 돈을 벌어야 하는 거죠. 그건 당연히 해야 할 일인데, 그걸 알아달라고 우기시는 거예요? 아빠도 힘들다는 거 알아요. 힘들면 집에 일찍 들어와서 쉬세요! 술 마시고 늦게 들어오지 말고!"

아들은 영식에게 이렇게 쏘아붙이고 방으로 들어가 버렸다. 영식은 베란다에 나가 유일한 위로친구인 담배 한 개비에 마음을 진정시켰다. 아들이 틀린 말을 한 것은 아니었다. 아빠니까 당연히 해야 할 일이니 하는 것인데, 알아달라고 투정을 부린 것 같아 창피했다. 늘 가족들에게 강한 모습을 보여야 하는 아버지가 힘들다고 약한 모습을 보인 것 같아 후회스러웠다. 하지만 힘든 건 사실이다. 아버지는 사람 아닌가?

나도 어릴 적 엄마와 아버지를 생각하면 그랬던 것 같다. 그 당시 부모님은 맞벌이를 하셨다. 그런데 내 기억에 엄마는 늘 힘들고 불쌍한 분으로, 아버지는 엄마를 힘들게 하는 존재로 남아있다. 엄마가 늦게까지 일 하고 집에 와서도 집안일을 하는 것을 보면 마음이 많이 불편하고 아팠던 기억이 난다. 그런데 아버지가 밖에서 힘들게 일을 하고 집에 와서 살림을 해도 아팠던 기억보다 당연히 아빠니까 해야 한다고 생각했던 것 같다. 이유도 정확히 없었다. 그냥 아빠니까 그랬던 것 같다. 아버지가 밖에서 어떻게 일 하는지, 어떻게 돈을 버는지 궁금해 하지도 않았다. 그저 제때 많은 월급을 받았으면, 밤에는 술을 드시지 않고 집에 돌아왔으면 하는 고민을 더 많이 했던 것 같다. 왜 그랬을까? 분명 아버지도 엄마만큼 아니 엄마보다 더 힘들고 지쳤을지도 모른다. 갑자기 아버지를 생각하니 미안한 마음에 가슴이 미어지는 것 같다.

어느 날 점심을 먹으러 시내 주변 식당에 갔다. 그 곳에는 아주머니 열 분 정도가 계모임을 하는지 꽤 시끄러웠다. 비싼 소고기를 굽고 소주와 맥주를 테이블 위에 올려두고 오랜만의 모임인지 꽤 신나게 이야기하는 모습이었다. 자식들 이야기에, 남편 이야기에 여자들이 모이면 이야기할 주제들이 넘쳐난다. 서로 질세라 자식들 자랑인데, 이상하게도 남편 자랑하는 아주머니는 찾아 볼 수 없었다. 옆에서 듣고 있으면 정말 재미있고 입에 담기 힘든 이야기에 저절로 웃음이 나왔다. 그때 옆 테이블에 앉아 있던 남자 세 명이서 그 아주머니들을 빗대어 하는 말이 갑자기 퍼뜩 떠오른다.

"남편들 출근시키고, 자식들 학교 보내고 저렇게 나와서 대낮부터 술이야? 어휴, 시간이 많고 여유가 있으니 저러는 거겠지. 남편들은 얼마나 힘이 들까?"

나도 여자이지만 그 아주머니들의 모습을 보고, 그 남자들의 이야기에 동의할 수밖에 없었다. 내가 봐도 좀 도가 지나치게 즐기는 모습이었다. 나도 직장에 다녀서인지 밖에서 남의 돈 버는 게 얼마나 힘이 드는 일인지 잘 안다.

영식은 오늘도 어김없이 출근을 했다. 영식의 직업은 경찰관이다. 현장에서 발로 뛰는 현장경찰관이다. 출근하자마자 어김없이 만나야하는 그 분이 오셨다. 바로 주취자다. 경찰관이 근무하면서 가장 많은 스트레스와 긴장감을 갖게 하는 주취자는 오늘도 영식을 향해 쌍욕을 퍼붓는다.

"야! 민중의 지팡이인지, 민중의 쓰레기인지. 내가 뭘 잘 못했다고 이러는 거야? 너네들 내가 세금 내서 월급 받는 줄 알아! 응?"

영식은 속으로 "세금, 저도 냅니다"라고 말하고 싶지만 그래도 꾹 참는다.

"야! 너 몇 살 쳐 먹었어? 너 나랑 맞짱 뜰래?"

계속해서 시비를 거는 그 분을 한 방 먹이고 싶지만, 경찰관이기에 그래도 꾹 참는다.

"야! 나 검찰에 아는 사람이 얼마나 많은 줄 알아? 너 하나쯤 모가지 자르는 건 일도 아니야! 별 것도 아닌 게."

당장 검찰에 전화해서 아는 사람 불러오라고 말 하고 싶은 마음이 굴뚝같지만 그냥 참는다. 하지만 가면 갈수록 짜증은 밀려오기 시작한다. 밖에 나가서 담배만 물며 한 숨만 쉴 뿐이다. 그런데 그 때, 안에서 김순경의 짜증나는 목소리가 들려온다.

"아! 진짜! 화장실 가고 싶으면, 가고 싶다고 말을 하면 되지! 왜 옷에다 싸고 그래?"

영식은 밖에서 그 광경을 보고 크게 숨을 몰아쉰다. 걸레질을 하고 있는 김순경을 보며 그냥 웃을 뿐이다.

"김순경! 너도 결혼해 봐! 네 아들놈이 남들한테 욕먹어가며, 남의 오줌이나 닦으며 돈 버는 줄 알 것 같니? 당연히 돈 버는 줄 안다."

대한민국 아버지들은 자존심을 버리고 남들에게 욕을 먹어가며 일을 한다. 조금이라도 늦게 퇴직하기 위해 손이 발이 되도록 비벼보기도 한다. 젊은 친구들보다 행동도 늦고 머리회전도 안 되니 스트레스가 하늘을 찌르는 것 같다. 당장이라도 그만 두고 싶지만 당연히 돈을 벌어야 하는 사람이기에 내 맘대로 그만 두지도 못한다. 월급을 주는 사람이던 받는 사람이던 모두 제각각의 고초가 있기 마련이다. 모두 힘들다. 힘들어서 스트레스 풀고 싶어 술 한 잔을 친구 삼아 하루하루를 버티고 있는지도 모른다.

세상은 여자인 엄마의 편이 항상 많다. 자식이나 같은 여자들이나 마찬가지다. 그렇지만 남자의 편은 '자신을 좋아해 주는 남자들 밖에 없다'는 사실에 남자들에게 위로와 박수를 보내고 싶은 생각이다.

세상의 엄마들도 힘들다. 그런데 세상의 아버지들도 그 만큼 아니 그 이상 더 힘들고 지친다. 남자이기에 약해보이기 싫어 노력하는 것이지 사실 아버지는 점점 약해진다. 당연히 강해져야 하는 존재가 아닌, 가면 갈수록 힘들고 약해지는 존재 말이다. 아리스토텔레스는 어머니의 사랑에 대해 이렇게 표현했다.

"어머니가 아버지보다 자식에 대해 더 깊은 애정을 갖는 이유는 어머니는 자식을 낳을 때의 고통을 겪기 때문에 자식이란 절대적으로 자기 것이라는 마음이 아버지보다 강하기 때문이다."

자식이 어머니를 더 안타까워하고 마음 아파하는 것이 다 이 이유 때문이 아닐까? 생명을 바쳐 자식을 낳은 어머니니 그 정도 대접은 받아야 하지 않을까? 그러니 속상해 하지 말자. 적어도 남자들은 그 고통을 모르지 않은가. 🐾

scene.**7**

맞벌이의 진실을 말하다.

"너 맞벌이가 할 거야? 아님 혼자 벌 거야?"

"당연히 맞벌이 해야죠. 혼자 벌어 어떻게 살아요?"

"네 여자 친구 아직 취직 전이잖아?"

"네, 아직. 그래서 한 숨 나와요."

"그럼 언제 결혼 하려고?"

"여자 친구 취직하면요."

"너 그러다 평생 결혼 못 한다."

발령 받은 지 얼마 되지 않은 직장후배의 이야기는 최근 남자들이 맞벌이를 얼마나 선호하는지 여실히 보여주고 있다. 아무리 좋아도 직장이 없으면 결혼하지 않겠다는 그의 말에 나는 절로 고개를 끄덕일 수밖에 없었다. 사실 요즘은 원래 집안의 재산이 많지 않은 이상,

맞벌이를 하지 않으면 정말 먹고 살기 힘든 시대이기 때문이다. 하지만 사람들이 한 가지 착각하고 있는 사실이 있다. 그것은 모든 일에 장단점이 있듯이, 맞벌이 부부에게도 장점과 함께 늘 단점이 따라 다닌다는 것이다. 특히 남자들에게 더욱 더 그렇다.

"진석아! 너는 좋겠다."
"뭐가 좋다는 거야? 느닷없이."
"너는 니 마누라가 같이 버니까 얼마나 좋겠냐. 둘이 공무원이니 말이야."
"야, 벌면 얼마나 더 번다고…. 쓰는 돈이 더 많다. 버는 족족 쓴다."
"그래도 둘이 벌면 훨씬 좋지. 안 그러냐?"
"잘 알지도 못하는 소리 하지마! 그만큼 힘든 일이 더 많다."
"뭐가? 나는 혼자 벌어서 새끼들하고 마누라하고 먹고 살라니 허리가 휘어 죽겠는데."
"너는 먹고 살라니 허리가 휘지, 나는 집안 일 하느라, 마누라 일 도와주랴 허리가 휜다. 휘어!"

진석은 올해 맞벌이 15년차다. 처음 결혼 할 때부터 맞벌이를 했었다. 그 역시 맞벌이를 할 수 있는 아내를 만난 것에 자신이 복이 많은 남자라고 생각했었다. 혼자 벌어 사는 게 얼마나 힘든 일인지 이미 알고 있었기 때문이다. 하지만 진석의 맞벌이 생활은 그리 순탄치만은 않았다. 얻는 게 있으면 잃는 게 있다고 아내가 월급을 벌어 오니 그가 해야 할 일이 점점 많아지기 시작했다. 그리고 포기해야 할 일도 많아지기 시작했다.

"여보! 오늘 저 회식 있으니까, 저녁에 아이들 좀 챙겨요!"
"회식? 웬 여자들이 밤에 회식이야? 여자들이 애들은 신경도 안 쓰고 놀 생각만 한다니까!"

진석의 말에 아내는 불쾌한 마음을 감출 수가 없었다. 고려적 시대도 아니고 여자 운운하며 말하는 남편이 무척 얄미웠기 때문이다.

"당신은 회식 안 해요? 허구한 날 회식이면서! 자기 회식 할 때는 내가 만날 아이들 챙기는데, 그건 뭐 당연한 건가요?"
"그럼 당연히 엄마니까 챙겨야 하는 거지! 이상한 생각을 하네!"
"같이 일하는데 엄마는 엄마 역할을 해야 하고, 아빠는 아빠 역할을 해야 하나요? 똑같이 돈 벌면 가정에서의 일도 똑같이 나눠야죠."
"그래도 아이들한테는 엄마의 관심이 더 좋은 거지. 정서적으로나 뭐로 보나."
"참, 정신 오천 년 나갔다 들어온 소리 하네요! 지금이 어떤 시대인데 여자한테 엄마 역할만 강요하는 거예요? 내가 엄마 역할에만 집중했으면 좋겠어요? 그럼 관둘게요!"

"어휴, 알았어. 알았어. 내가 일찍 와서 아이들 챙기면 되잖아! 그 놈의 관둔다는 소리는 무슨 벼슬도 아니고 상습이야, 상습!"

아침부터 아내의 회식이야기에 순간 화가 난 진석은 마음에 없는 말을 늘어놓기 시작했다. 진심은 아니었으나 사실 "그럴 거면 관둬!" 라는 말을 하고 싶을 정도로 간절했다. 물론 능력이 대단해서 경제력이 뛰어나다면, 이런저런 생각 안하고 아내를 집에 고이고이 모셔놓고 싶은 심정이었다. 그러나 아이들과 집안일로 앞으로 들어가는 돈은 뻔한데, 혼자 벌이로는 역부족이라 어쩔 수 없는 현실이 돼 버렸다.

사실 처음 결혼할 때는 맞벌이에 대해 매우 긍정적이었다. 그런데 시간이 흐르고 아이들이 생기면서 점점 맞벌이는 100점 만점에 단 50점도 되지 않다는 것을 깨닫게 됐다. 어린 아이들을 늦게 까지 밖으로 돌려야 하며, 퇴근 후에는 제대로 된 저녁을 마음 놓고 먹을 수가 없었다. 둘 중 빨리 오는 사람이 저녁을 해야 하고 따뜻한 국 한 그릇 먹는 게 쉬운 일이 아니었다.

방금 한 따끈따끈한 밥 한 공기는 일주일에 한 번은 고사했고 전날 밤 해둔 밥통 속의 식은 밥도 감사히 먹어야 했다. 아내가 회식을 하거나 교육을 가면 그때는 꼼짝없이 아이들의 엄마 역할까지 도맡아야 했다. 집안일이나 빨래, 청소 역시 반 이상은 그의 몫이었다.

드라마에서 나오는 퇴근하는 남편을 기다리며 보글보글 된장찌개를 끓이는 아내의 모습은 찾아보기 힘들게 됐다. 이런 모습들이 대한민국 맞벌이 남편들이 겪고 느끼는 현실이며 사실일 것이다.

"맞벌이 한다고 해서 돈을 엄청 많이 벌 것 같지만, 그렇지 않아. 상미 너도 맞벌이니까 알거 아니야. 분명 월급은 남들보다 더 많지. 둘이 버니까. 하지만 그 돈이 다 모아지니? 그 돈이 다 어디 갔는지 모르게 없어져 버려. 오히려 외벌이 하는 친구 놈들 보니까 돈도 더 많이 모으고 빚도 더 없어. 그런데 이상하게도 맞벌이를 하면 빚도 더 많고 돈이 모아지기는 커녕 줄줄 세는 것 같아. 그게 왜 그러는지 알아? 직장생활을 하면 다 그렇겠지만, 여자도 직장생활을 하면서 그만큼 쓰고 또 눈이 높아지게 돼 있어. 그러니깐 뭘 하나를 사도 비싸고 좋은 거에 손이 가게 되고, 뭘 하나를 먹어도 비싸고 좋은 걸 먹게 되는 거야. 그리고 맞벌이를 하니까 외식을 자주 하게 되잖아. 늦었다고 시켜 먹고 냉장고에 반찬 해 먹을 게 없다고 시켜먹어. 또 오늘 속상한 일이 있었으니까 풀기 위해 술 한 잔 먹을 수도 있어. 일한답시고 아이들한테 제대로 뭘 해주지 못하니까 미안해서 사달라는 거 다 사줘. 진짜 돈이 모아질 수가 없는 거야. 그렇지 않아? 맞벌이가 좋은 이유는 딱 한가지야. 그냥 노후에는 외벌이 보다는 더 여유롭다는 거지. 다른 좋은 이유는 찾으려야 찾을 수가 없네."
　같이 일 하는 직장동료의 말에 나는 수긍할 수밖에 없었다. 모두 사실이기 때문이다. 내 남편 역시 그냥 일 안하는 여자를 만났더라면, 아침에 새로 한 밥에 적어도 따끈한 국을 먹을 수 있었을 지도 모른다. 지금 습관처럼, 자기 일처럼 하는 빨래나 청소는 가끔씩 날한 번 도와주겠다고 하는 월례행사였을지도 모른다. 아침에 출근전쟁으로 엉망이 된 집을 저녁에 퇴근하고 나서야 정리하고, 아침 설거지를 저녁에야 해야 하는 일은 없었을 지도 모른다. 사실 남자 입장에서 보면 맞벌이가 그리 좋은 것만이 아니라는 것이 이 시대 맞벌이 부부의 같은 생각일 것이다.

그래도 어쩌겠는가? 아내가 벌어오는 만큼 더 벌지 못한다면, 아내의 일을 인정해줘야지 않겠는가? 내가 당장 귀찮고 힘들지만 아내역시 힘들고 귀찮을 것이다. 그러니 따뜻한 밥 먹지 못한다고 투정하지 말고 슈퍼에서 즉석 밥을 사다 먹어도 괜찮다. 냉장고에 반찬없으면 계란프라이 하나 해서 밥을 먹어도 괜찮다. 빨래 탈탈 안 털어서 널었다고 혼이 나도 계속해서 집안일을 해야 하는 것을 괜찮다고 생각해라.

"지금 당장 일을 그만 둬!"라는 말을 할 수 없다면 그게 최선이다. 🎞

scene.8
낳기만 하면 아빠가 되는 줄 알았다.

아빠가 된다는 것이 쉬운 일이 아닌 듯하다. 아내가 산부인과에서 첫 아이를 낳았을 때, 다들 기분이 어땠는가? 경이롭고, 감격스러웠으며, 가슴에 벅차 눈가에 고인 눈물을 참으며 마음속으로 기뻐했을 것이다. 그런데 아빠가 되기 위한 준비를 제대로 하지 않은 채, 그렇게 아빠가 돼 버린 것은 아닐까? 물론 아이가 태어나면 아이를 먹여 살려야한다는 책임감에 두 어깨가 무거워지는 걸 느낄 수 있다. 하지만 그 책임감 하나로 당연히 아빠가 될 수 있다는 생각은 큰 오산이다. 무조건 낳기만 한다고 아빠가 될 수 있다면, 이 세상의 모든 아빠들은 여기저기 대책 없는 씨를 뿌리고 다닐지도 모를 일이다.

"여보! 민수 기저귀 좀 갈아줘!"
"응? 기저귀? 내가 그걸 어떻게 해! 당신이 해!"

138

아이 기저귀를 갈라는 아내의 말에 귀찮다는 반응이다.

"왜 못 해? 나도 하는데, 그걸 왜 못 하냐고!"

"당신은 엄마니까 하는 거지! 내가 그걸 어떻게 하냐? 괜히 애 울까봐 성가셔."

"참나, 나는 뭐 처음부터 엄마였어? 태어날 때부터 엄마였냐고! 애 키우는 것도 배우는 거야. 배워서 하는 거라고요. 저절로 엄마가 되고 아빠가 되는 줄 알아? 그러니까 당신도 한 번 해봐! 그럼 할 수 있을 거야. 못 하는 게 어디 있어? 하기 싫은 거겠지!"

"그러게 말이야. 애 하나 키우는 데 뭐 이렇게 해야 하는 일이 많니? 낳기만 하면 아빠 되는 줄 알았지. 어휴!"

아이를 낳으면서 저절로 갖출 줄 알았던 아빠라는 역할은 사실 남자들에게 무거운 짐이라 해도 과언이 아니다. 아빠로서 해야 하는 의무와 책임감에 그때부터 아빠라는 존재는 힘든 일도 마다하지 않고 열심히 살아야 하는 철인이 되기 시작한다.

얼마 전, KBS 다큐 3일 『택배, 72시간』이 방영됐다. 제목 그대로 택배 배달을 하는 기사님들의 이야기로 채워졌다. 가지각색의 사연들로 똘똘 뭉쳐 인생의 마지막 일이라고 생각하고 뛰어든 택배 기사들의 저마다의 사연으로 이내 내 마음은 먹먹해지고 있었다. 그 중

사업에 실패하고, 아픈 몸을 치료한 후 새로운 일을 찾아 열심히 일하고 있는 대한민국 아버지의 이야기를 소개하고 싶다.

그는 택배 배달을 하기 전, 사업을 했다. 꽤 큰 사업을 했으나 거듭 실패를 하였고, 급기야 왼쪽 어깨 질환으로 수술까지 하게 됐다. 엎친 데 덮친 격으로 사업실패에 몸까지 아프니 더 이상 일을 하고 싶다는 생각을 할 수 없었다. 무슨 일을 해도 잘 되지 않고, 몸은 몸대로 아파오기 시작하니 정말 살맛이 나지 않았었다. 하지만 아프다고 살맛이 나지 않는다는 이유로 무작정 일을 하지 않을 수 없었다. 아버지인 자기만을 목이 빠지게 바라보고 있는 가족들을 생각하니 가만히 누워 있을 수 없었기 때문이다. 그래서 그는 당장 먹고살기 위해 택배 배달을 하게 됐고 하루 12시간 이상을 무거운 짐을 들며 집집마다 노크를 하기 시작했다. 아프지 않은 오른쪽 어깨에만 무거운 짐을 지고 다녀야 했고, 노크를 많이 하다 보니 오른쪽 중지 손가락 마디 쪽 장갑부분은 이미 구멍이 난지 오래였다. 그가 만약 아버지가 아니었다면, 그냥 혼자 몸이었다면, 힘든 택배 일을 천직이라 생각하며 꿋꿋이 할 수 있었을까? 그도 분명 낳기만 하면 아빠가 되는 줄 알았지만, 낳기만 해서는 아빠가 되는 게 아니라는 것을 깨달았을 것이다. 아빠가 된다는 것은 그만큼 가족들을 위해 큰 책임감과 사명감을 함께 가져야 한다는 것이다.

아버지의 역할은 무수히 많다. 아이를 낳아서 자연스레 아빠가 됐지만 한 가정의 가장 역할도 해야 하며, 때로는 아이들의 육아도 책임져야할 경우도 있다. 가장역할을 하기 위해 돈도 벌어야 하며, 그 돈 버는 일은 삼십년 아니 평생을 계속해서 반복해야 한다. 그 오랜 기간 동안 힘들게, 지칠 정도로 일을 했지만 나이 육십이 넘어서도 계속해서 일을 찾아야 한다. 낳기만 하면 클 줄 알았던 아이들의 대학 등록금도 모자라 아이들이 직장을 갖고 결혼을 할 때까지 생활비를 지원해 줘야 하기 때문이다. 시집장가 보내면 끝이라고 생각했던 그 일은 정작 노후 준비를 위해 또 다시 시작한다.

아이들은 아버지의 등을 보고 자란다. 그만큼 아버지라는 존재가 아이들에게는 삶의 멘토이자 롤 모델인 것이다. 그래서 아버지는 아이들에게 인정받지는 못하지만 창피하지 않은 아버지가 되기 위해 자기 자신보다 아이들을 위해 사는지도 모른다.

낳기만 한다고 아빠가 되는 것은 아니다. 그렇다고 낳기만 한다고 저절로 아이들이 성장하는 것도 아니다. 진정한 아버지가 되기 위해서는 아이가 태어날 때부터 "나 죽었소"하는 생각으로 뭐든지 오랫동안 해야 한다. 한마디로 '가늘고 길게' 말이다.

이 시대의 진정한 아버지의 조건이 이것이라는 게 참 마음 아플 뿐이다. 🐾

scene. 9
나는 되고 마누라는 안 된다.

함께 일하는 준식의 표정이 아침부터 엉망이었다. 남자가 아침부터 표정이 안 좋은 이유는 딱 둘 중의 한 가지다. 어제 밤늦게까지 먹은 술이 아직까지 남아있던지, 아니면 집에 무슨 일이 있는 것이다. 집에 무슨 일이 있다면, 그것은 아내와 싸운 일이 대부분이다. 아니나 다를까. 그는 오늘 아침부터 마누라와 한 판하고 왔다며 괜한 담배에게 화풀이다. 대체 무슨 일로 싸웠는지, 아침부터 괜한 담배에게 화풀이하는 이유가 무엇인지…. 준식의 아침풍경을 그려보겠다.

"나도 오늘부터 저녁에 운동할거야!"

아침에 출근 준비하는 준식은 아내의 갑작스러운 선전포고에 깜짝 놀랐다.

"무슨 소리 하는 거야? 갑자기. 운동은 무슨 운동?"

"운동? 배드민턴."

"내가 지금 어떤 운동인지 물어 본거야? 갑자기 왜 운동이냐 이거
지!"

"갑자기가 어디 있어? 나도 당신처럼 저녁에 사람들이랑 운동도
하고, 밥도 먹고 싶어서 그렇다."

"그게 지금 말이 된다고 생각해? 운동하려거든 낮에 해! 낮에 시간
많잖아!"

"배드민턴을 낮에 하는 사람이 어디 있어? 클럽은 모두 저녁에 운
영되는데! 알면서 왜 그래? 당신은 밤에 안 나가? 나가서 운동하고
여자들이랑 술 먹고 오면서!"

"야! 남자랑 여자랑 똑같냐? 밤에 운동하면 그럼 아이들은 어쩌
고?"

"당연히 내가 운동할 때는 당신이, 당신이 운동할 때는 내가 챙기
면 되는 거지!"

"말이 되니? 애들한테는 엄마가 있어야 해! 나는 밤중에 애들 팽개
쳐 두고 운동 나온 여자들은 이해가 안 되더라."

"진짜 이해 안 되는 남자네! 이해 안 된다면서 왜 같이 운동하고,
밥 먹고 그러는데? 밥을 먹는지, 뭘 하는지 어떻게 알아?"

"그러니까 안 된다는 거야! 밖에 나가서 뭐 하려고? 갑자기 바람이 들어서 난리야!"

준식의 아침 풍경은 이랬다. 뭐 아침부터 싸웠다고 해서 분명 사소한 일이라고 생각했지만, 내가 봤을 때 이 싸움은 준식의 완패였다. 더 이상 아내에게 자기의 주장을 합리화 시킬 수 없는 상황이었다. 무슨 말을 해도 결론은 "나는 남자니까 되고, 너는 여자니까 내 마누라니까 안 된다"였다. 싸우는 게 당연한 일이었다. 워낙에 조목조목 근거와 이유를 들어 따지는 여자와 그냥 "안 되니까 안 된다"라고 주장하는 남자와 대화가 될 리 없기 때문이다.

준식의 아내는 정말 운동이 하고 싶어서 그런 말을 했던 것이 아닐 것이다. 밤마다 운동을 핑계로 밖에 나가서 운동하고 다른 여자들과 함께 어울리는 것이 싫었던 것이다. 그래서 남편이 운동하는 시간을 좀 줄여서 자기와 함께 했으면 하는 바람이 더 컸던 것 같다. 그런데 뱅뱅 돌려 말하는 여자들의 말을 남자들이 단박에 알아들었을 리 만무하다. 그러니 당연히 싸움이 날 수 밖에….

남자들의 불공정한 생각은 이것뿐만이 아니다. 자신은 늦게까지 술 먹고 네 발로 기어 들어와도 되지만, 여자들은 그러면 안 된단다. 또 여자들은 그래도 되지만, 자기 아내는 그러면 안 된다고 말한다. 또한 자신들은 직장일로 며칠 동안 출장을 가는 것은 당연하다고 생각하면서 아이들을 맡겨두고 출장 가는 아내는 싫다고 말한다. 그러면서 아내가 일을 하는 것은 싫다고 말하지 않는다. 사소한 것 하나 하나 따져보면 그들이 단지 남자이기에 되고, 여자이기에 안 된다고 여기는 것이 한두 가지가 아니다. 무슨 조선시대도 아니고 '내 여자 니까, 내 마누라니까 안 된다'는 것은 이해할 수 없는 일이다. 그런데 남자들도 할 말은 있단다.

"그게 여자니까 그러는 게 아니야! 내 마누라니까 그러는 거지!"
"맞아! 다른 여자는 다 그래도 되거든. 근데 내 여자는 그러면 안 되는 거야!"

참 무슨 대답이 이 모양인가?

"나도 남자지만 이상한 습성이 있어! 남자는 대부분 여자가 보살 펴주고 아무것도 안 해도 마누라가 내 옆에 있어주길 바래. 옆에 있 으면서 챙겨줬으면 하는 바람이지. 그래서 밤에 어딜 나가는 것도 싫고 멀리 출장 가는 것도 싫은 거야!"
"그렇지! 아무리 못 나도 내 마누라는 밖에서 나도는 게 싫어! 밖 에 나가더라도 집에 빨리 들어왔으면 좋겠고, 또 빨리 들어와야 불 안하지 않아. 집에 마누라가 없으면 괜히 허전하고 불안하거든. 그 건 모든 남편들이 다 느끼는 바야!"
"맞아. 맞아. 사실 마누라한테 미안하기도 하지. 허구한 날 술 먹고 늦게 들어가서 술 냄새나 팍팍 풍기면서 해주는 건 아무것도 없는데 어디 가지도 못하게 하지. 그렇다고 뭐 많은 돈을 벌어다 주는 것도 아닌데 말이야. 미안하지. 나는 그러고 다니는데 마음대로 뭐 해보지도 못하게 하니까 말이야. 그래도 남자들은 밖에서는 좀 자유롭잖아. 하지만 여자들은 밖에서 일 하는 여자들도 집안 일 생각에 일 끝나면 무조건 집이야. 남자들만큼 자유롭지 못한 것은 사실이지. 마누라한테 고맙지."

"남자들이 이기적이라 해도 어쩔 수가 없어. 그건 어쩔 수 없는 남자들의 본능이거든. 아, 그리고 요즘 세상이 얼마나 험한데…."

그들의 말끝에 나는 단 한마디만 툭 던졌다.

"이놈의 세상은 오천년 전이나 지금이나 하나도 안 바뀌고 계속 험할까?"

툭 던진 내 말을 듣고 남자들은 그냥 웃기만 할 뿐이다. 더 이상 대꾸할 수 없었던 이유가 있었던 것 같다. 시간이 흐른 뒤 사무실에 다시 들어왔을 때 남자들은 또 무슨 재미있는 이야기를 하는지 다들 귀가 쫑긋이다. 집중력도 그런 집중력이 없었다. 보통 남자들이 모여 이야기를 하면 무슨 정치 이야기를 하거나 상사 이야기를 할 것 같지만, 내 경험상 그런 영향력 있는 이야기를 하는 사람은 많이 없었다.

그날도 마찬가지였다.

"그 놈 있잖아! 그 놈이 바람을 피웠는데, 어휴 나는 그 친구를 보면 아주 위태위태하더라고. 아니 한 두 번도 아니고 너무 자주 바람을 피우니, 이거 마누라한테 걸리면 뼈도 못 추리겠더라고. 아무리 해도 해도 너무한 것 같아. 그렇게 생각 안 해?"

"그걸 왜 나 한데 물어봐! 누가 보면 내가 그런 사람 같잖아. 난 이제 안 그래!"

"이제 안 그래? 그 전에는 많이 그랬나봐! 조심하란 말이야. 여자들이 얼마나 무서운데."

"에잇, 우리 마누라는 눈치를 못 채더라고. 다행이지!"

"어휴, 이 사람 이렇게 눈치가 없어? 마누라가 눈치를 못 채는 것이 아니라, 자네가 눈치가 없는 거지! 마누라가 그걸 모를 것 같아?"

"몰랐을 거야! 알았으면 난리 났겠지!"

"참! 예전에 누가누가 그랬는데…. 결국엔 그렇게 됐다니까."

"그래? 어휴 내가 우리 마누라를 감시해야겠네? 이 여자가 그런다면 나는 가만 안 둬!"

그들의 대화는 정말 영양가 하나도 없는 유치한 내용뿐이었다. 누구네 마누라 바람피우는 이야기부터 어떤 남자가 바람피우다 걸려서 어떻게 됐다는 이야기까지 별별 이야기를 다 했다. 이 대화 내용에서도 결론은 하나였다. "나는 되고 마누라는 안 된다"였다. 물론 세상의 모든 남자들이 다 똑같지는 않겠지만 사실 기본적으로 가지고 있는 생각은 거의 비슷할 것이다. 비슷한 생각을 가지고 있지만 어떻게 바꾸고 실천하느냐에 따라 달라지는 것 같다.

남자들의 대화에 끼어 내가 한 마디 했다. '젊었을 때 아내에게 잘하라'는 의미로 일침을 놨다는게 맞는 것 같다.

"지금부터 잘 해드리세요! 마누라니까 '넌 내 마음대로 한다'는 생각도 버리세요! 지금은 어디서 뭘 하던지, 바람을 피우던지, 밤에 늦게 들어오던지 말든지 신경도 안 쓰고 눈치 못 채는 것 같죠? 여자들이 바보가 아니에요. 다 알아요. 언젠가는 보상할 기회가 생기거든요. 그때 아마 몰아서 한꺼번에 된통 당할지도 모른다니까요. 술도 조금씩 드세요! 지금부터 건강 생각해야지. 안 그러면 나중에 퇴직해서 병들어 누워있는데 마누라들이 연금 받은 거 팍팍 쓰면서 돌아다닌다니까요. 그러다 진짜 한 방에 훅 갑니다. 얼마나 억울해요. 일해서 퇴직해서 연금 받으면 뭐하냐고요. 나이 들고 병들어서 마누라한테 인정 못 받고 마누라가 쓴 카드 알림문자나 받을지도 모를 일입니다."

정말 그러다 한 방에 훅 갈지도 모른다. 여자라고 무시하고 인정해주지 않으면 말이다. 그런데 어쩌겠는가? 지금 당장은 이럴 수밖에 없는데 말이다. 남자라는 놈이 원래 그런 놈인데 말이다. 큰일이다. 이러다 정말 마누라한테 한 방 먹고 훅 가는 거 아닌지. 찰떡같이 믿고 있었던 마누라가 배신할지 갑자기 불안해지는 것은 뭐 무슨 조화냐 말이다.

그래도 내 마누라는 안 그랬으면 좋겠다. 비록 나는 그랬지만 마누라는 안 그랬으면 좋겠다. 🐾

scene.10
비싼 차의 진실, 캐피탈

남자들에게 차의 의미는 무엇일까? 아마, 자존심이라 해도 과언이 아닐 것이다. 그만큼 남자들은 차에 큰 의미를 부여한다.

남자들에게 자동차란 분신과도 같은 존재다. 그래서 '어떤 자동차를 타느냐'가 그 남자의 능력을 나타내기도 한다. 예를 들어 외제차를 타는 남자는 경제력이 대단한 사람으로, 경차를 타는 사람은 그저 그런 사람이거나 대학생이라 생각하는 것처럼 말이다. 그래서 그런지 돈이 없다 하더라도 자존심을 위해 비싼 차를 할부나 캐피탈을 이용해서 구매하는 남자들이 점점 늘고 있는 추세다. 돈이 좀 있으면 더 무리를 해서라도 더 비싼 차를 사던지, 돈이 없으면 경차를 사느니 차라리 걸어 다니겠다고 생각하는 남자들이 늘고 있다.

남자들에게 자동차는 단지 교통수단이 아니다. 즉, 단순히 그냥 탈 것이 아니다. 어렸을 때 남자아이들은 로봇이나 장난감 차를 모으고 열광한다. 세 살, 네 살짜리 남자아이들이 수십 개의 로봇시리즈와 장난감 차를 가지고 있는 것을 보면 알 수 있다. 어릴 때 모형 장난감으로 자존심을 지켰다면 어른이 돼서는 돈을 가지고 진짜를 구입한다. 그만큼 남자에게 자동차란 자존심이며 단순한 탈 것 이상의 가치를 선사하는 것이다.

직장 후배 녀석이 3000cc의 대형 승용차를 구입했다. 나이 서른도 되지 않아 대형승용차를 구입한 것에 주위의 반응은 다양했다. '분수에 맞지 않게 잘난 척을 한다'며 비꼬는 사람이 있는가 하면 '역시 남자는 뽀대가 나야한다'며 잘 했다는 사람이 있다. 사실 그 녀석은 오롯이 현금 삼천만원을 투자해서 구입한 차량이 아니었을 것이다. 분명 집안의 재력이나 할부의 도움을 받지 않았을까 생각했다. 아니나 다를까 그 녀석은 삼천만원이라는 모든 금액을 계약금 10프로만 빼고 모두 할부로 구입했다. 이 녀석이 차량을 구입한 이후, 직장에서는 신차 구입이 유행이 돼버렸다.

"저 놈도 저렇게 큰 차를 타고 다니는데 나라고 못 몰겠어?"

"얼마 전까지만 해도 내 차가 제일 좋았는데 또 차를 바꿔야 하나?"

"어휴, 그런데 저 삼천만원을 할부로 갚으려면 한 달에 얼마를 내야 하니? 계산기 어디 있냐?"

"나도 5년 타니까 새 차로 바꾸고 싶었는데, 이 기회에 바꿀까?"

저마다 합리적인(?) 근거를 내세워 새 차를 장만해 보겠다며, 머릿속으로 여러 가지 계획을 세우느라 정신이 없다. 그런데 생각만 하면 뭐 하겠는가? 여자들처럼 명품가방 하나를 사는 것도 아니고, 그 가방보다 10배는 비싼 차를 사는 거 아니겠는가! 팬티 한 장 내 맘대로 못 사는데 마누라가 사주겠냐 말이다. 그러니 생각만 할 뿐이다. 사고 싶다고…, 사고 싶다고….

자동차는 특히 남자들 사이에서는 자신의 자존심을 나타내는 수단이다. 그래서 어떤 차를 가지고 있느냐에 따라 그들 사이에서도 레벨이 정해진다고 한다. 외제차와 국산차 타는 사람을 나누기도 하는 것처럼 배기량이나 차종에 따라 저마다의 레벨을 정해 놓는다.

다른 때는 몰라도 차 옆에 있으면 어깨에 힘이 들어가는 사람과 축 처지는 사람이 정해지게 되는 것이다. 그래서 다들 비싼 차, 좋은 차, 큰 차에 목숨 걸고 갈망하고 있는지도 모른다. 하지만 막연히 자존심 하나를 위해 비싼 차를 구입했다가는 차 할부금에 목숨을 걸어야 할 정도로 힘들어지리라는 것을 알면서도 남자들은 비싼 차에 목숨을 건다.

"내가 볼 게 뭐가 있니? 돈이 많은 것도 그렇다고 키가 크고 잘생긴 것도 아니잖아. 이 나이 먹고 집 한 채도 없잖아. 내가 무슨 낙으

로 살겠어. 빚 밖에 없는 내 인생, 솔직히 차라도 좋은 차 몰아야 사
람들이 무시를 안 할 거 아니야. 그래서 나는 비싼 차 산거야. 솔직
히 한 60개월 할부로 해도 한 달에 거의 70에 가까운 돈을 갚아야
해. 지금 있는 대출금 이자 갚는 것도 허덕이지만 그냥 샀어. 그냥
사고 싶더라고. 마누라한테 뒤지게 혼났지만 그래도 내 마음대로 할
수 있는 것도 한 가지는 있어야 하잖아."

  우리 사회가 그렇게 만들었는지도 모른다. 비싼 차, 비싼 옷, 비
싼 가방을 메고 다니면 사람이 달라 보이고 경제력이 뛰어난 사람이
라고. 그래서 여자들도 명품가방 하나를 사기위해 카드를 벅벅 긁어
큰 맘 먹고 한 개씩 사는지도 모른다. 여자들의 그런 심리와 마찬가
지로 남자들의 심리도 비슷할 것이다. 하지만 차는 비싸도 너무 비
싸다. 눈이 보배라고 조금 괜찮다 싶은 차에 옵션을 넣으면 삼천만
원은 훌쩍이다. 그래도 무리해서라도 더 좋은 차를 사고 싶은 욕망
을 어쩌겠는가? 남자의 자존심이라는데….

  "작은 차를 몰고 다니면, 운전자들이 무시를 해. 그래서 자꾸 끼어
들고 추월하잖아!"
  "그렇지! 그리고 남자는 차만 잘 타고 다녀도 여자들이 좋아한단
말이지."
  "사실 우리 마누라도 경차 타고 다니는데, 얼마 전에는 나한테 사

람들이 자기 무시한다고 차 바꿔달라고 하더라니까. 여자들도 느끼고 있는 바야.”

“외제차 몰고 다니는 사람 중 70프로는 거의 할부라고 봐야해. 현찰주고 외제차 타고 다니는 사람은 솔직히 재벌가하고 돈 좀 있는 사람들 외에는 거의 없어!”

“그래도 외제차인데, 할부가 있으면 어때? 차에 '할부 차'라고 써진 것도 아닌데.”

남자들뿐만 아니라, 여자들 아니 대부분의 사람들은 차에 부여하는 의미가 대부분 이렇다. 나 역시 더 좋은 차를 남편에게 사 주고 싶고, 더 큰 차를 내가 몰고 다니고 싶다. 어떤 사람이 그런 생각을 하지 않겠는가. 하지만 하고 싶은 것, 갖고 싶은 것을 다 가진다면 아마 살림은 이미 거덜 났을지도 모를 일이다. 바꾸고 싶다고 그때그때 바꿀 수 있는 능력이라면 아마 로또 맞은 것 외에는 불가능 하지 싶다.

“아빠! 우리 차 좀 바꿔요!”

고등학교 2학년 아들이 별안간 차를 바꾸자며 아침부터 난리다.

“갑자기 왜 그러는데? 고장 안 나고 잘 타고 다니면 된 거지. 쓸데

없이 왜 차를 바꿔?"

"아빠! 다른 집 애들 차 좀 보세요. 요즘 우리 집 차 같은 거 갖고 있는 사람 없단 말이에요. 십 년이 훨씬 지난 차라 너무 꼬졌어요."

"야, 임마! 다른 집 애들 차가 어떻든 우리가 무슨 상관이야! 우린 우리 능력대로 타고 다니면 되는 거야. 너가 좋은 차만 봐서 그렇지, 우리 차보다 안 좋은 차가 얼마나 많은 줄 알아?"

"친구들끼리 이야기 하다보면, 쪽 팔려서 죽겠어요. 그 집 아빠들은 별로 좋은 직장에 다니는 것 같지 않은데 아빠가 그 집 아빠들보다 좋은 차를 타지 말라는 법 없잖아요."

아침부터 차를 바꾸자며 아우성인 아들놈과 한 판 시비를 붙은 채 출근한 영민은 하루 종일 고민에 빠졌다. 사실 지금 타고 다니는 차도 오래 되기도 했지만, 그 동안 좀 아껴보겠다고 차를 사겠다는 일을 미뤘던 것도 사실이다. 울고 싶은데 뺨 때린 격으로 그렇지 않아도 사고 싶었던 차에 아들 녀석 핑계로 차를 바꿔볼까 생각 중이다. 그런데 마누라도 마누라지만 일시불로 차를 살 형편이 되지 않는다. 어차피 할부를 이용해야 할 생각을 하니 앞일이 막막하기만 하다.

'차를 사는 것인지, 차를 빌리는 것인지…….'

좋은 차, 비싼 차를 타고 싶은 바람은 모두 다 가지고 있다. 특히 남자들은 대부분 그렇다. 자기보다 못난 놈이 자기보다 좋은 차를 타고 가면 갑자기 어깨에 힘이 빠진단다. 자기도 모르게 차 하나로 주눅이 든다는 것이다. 그만큼 차가 주는 의미는 남자에게 자존심과 경제력의 상징이다.

차 값 전부가 할부로 묶여있어도 비싼 차를 사고 싶어 하는 이들의 바람에 어찌 돌을 던질 수 있겠는가. 마음대로 할 수 있는 것도 제대로 없고, 자신 있고 당당한 모습을 찾아 볼 수 없는 이들에게 자신감을 부여해 주는 것이 바로 비싼 차이거늘. 누굴 탓 하겠는가. 비싼 차의 진실이 캐피탈이라는 것을 알면서도 그 비싼 차를 타고 다니는 이들을 부러워하고 따라하고 싶은 것을 누굴 탓하겠는가 말이다. 나 역시 할부로라도 남편에게 좋은 차를 사주고 싶은 마누라인데, 어떻게 남자들에게 참으라고 할 수 있겠는가. 이놈의 차는 왜 이리 비싼지. 명품 가방 열 배 그 이상의 값이니. 이러지도 저러지도 못하겠다. 그냥 비싼 차는 각자 마음대로 생각하기다. 어떤 게 현명한 결정인지는 아무도 답을 줄 수 없다. 하지만 한 가지 진실은 차 할부금 갚는 것이 보통 일이 아니라는 것. 바로 그것이다.

젠장! 그냥 중고차를 봐야 할 모양이다. 🐾

Episode. Ⅲ

남자, 감추고 싶을 때

삶을 두려워 말라. 삶은 살아볼 만한 가치가 있는 것이라고 믿으라.
그 믿음이 가치 있는 삶을 창조 하도록 도와줄 것이다.

- 로버트 슐러 -

scene.1
간 큰 남자

한 때 '간 큰 남자' 이야기가 한참 유행이었다. 이 이야기는 지금도 인터넷상에서 인기를 끌고 있다. 인터넷에서 떠도는, 그리고 사람들이 말 하는 간 큰 남자는 정말로 어떤 남자를 의미하는 것일까? 혹시 내 남편이 해당 되는 것은 아닌지 내심 궁금했다.

"아침에 밥 달라고 하는 남자
아내가 잔소리 하는데 말 끊는 남자
아내의 눈을 똑바로 보고 말대꾸하는 남자
밥상에서 반찬 투정하는 남자
술 마시고 들어와 발 안 씻고 자는 남자
방 안에서 담배 피우는 남자
시어머니 모시고 살겠다고 우기는 남자

아내가 텔레비전 보는데 채널을 돌리는 남자

돈 달라는 아내에게 어디에 쓸 거냐고 묻는 남자

아기 하나 더 낳자고 조르는 남자

밤늦게 들어 온 아내에게 어디 갔다가 왔느냐고 묻는 남자

아내에게 전화 한 남자에게 '누구세요?'라고 묻는 남자

아내가 외출할 때 어디 가시느냐고 물어보는 남자

가계부를 제대로 정리 안하는 남자

아내 허락 없이 애들 야단치는 남자

아침에 용돈을 받고 저녁 때 오천 원 만 더 달라는 남자

아내가 늦게 들어 올 때 '지금이 몇 신데 이제 오세요?'하는 남자

아내가 훈계하는 데 말 끊는 남자

아내가 카드 긁어 산 옷을 보고 예쁘다고 하지 않는 남자

휴일인데도 아침 할 생각은 않고 잠만 자는 남자."*

'간 큰 남자' 이야기를 보고 웃지 않을 수 없었다. 사실 웃는 게 웃는 게 아니었다고 하는 게 맞을 것 같다. 물론 이 '간 큰 남자' 이야기는 분명 남자들이 만들어 놓은 그냥 유머일 것이다. 하지만 이 글을 보면서 솔직히 공감가는 대목도 몇 개 있다는 사실이 나에게 웃음을 선사 했던 것 같다. 내 남편 이야기가 몇 개 있는 듯해서….

이 이야기들 중 남자들이 절실히 공감 하는 것이 있는데 그것은 바

---

* 인터넷 네이버 '간 큰 남자' 검색 글 중

162

로 '아침에 밥 달라고 하는 남자'다.

"어우, 배고프네! 우리 배고픈데 오늘 점심은 좀 빨리 먹자!"

"네, 그럴까요? 저도 배가 고프네요. 아침을 안 먹어서 그런가."

"저는 오늘 아침 먹고 왔는데. 오늘은 뭔 일인지 마누라가 빵을 구워주더라고요."

"이야! 빵이라도 얻어먹고 나오는 거 자체가 부럽구나. 우리 마누라는 어제 술 먹었다고 아침에 밥도 안주더라."

"에잇 다들 왜 그러세요? 밥을 얻어먹길 바라시는 거예요? 전 그냥 스스로 챙겨먹고 나와요. 빵이던 밥이던."

그들의 대화를 듣고 있던 나는 솔직히 같이 웃고 있을 수만은 없었다. 나 역시 내 남편 아침밥을 잘 챙겨주지 못한 마누라 중 한 명이었기 때문이다. 사실 아침에 아이들 밥을 먹이고 준비시키려면 솔직히 나도 밥은커녕 빵 한 조각 먹기 힘들다. 그러니 자연적으로 나보다 훨씬 더 일찍 출근하는 남편의 밥은 미안하지만 자주 챙겨줄 수 없었다. 하지만 남편은 "밥 차려줘!"하며 아침을 챙겨주지 못하는 나에게 핀잔을 준 적이 한 번도 없었다. 오히려 "내가 알아서 먹을게!"하며 선 채로 된장국에 밥을 몇 숟가락 말아서 마시는 수준으로 먹고 가기 바빴다. 그렇게 생각하니 내 남편은 '간 큰 남자'가 아니었다. 그 모습만 보면 '간이 작은, 마누라에 대한 배려심이 깊은 남자'라고 해야 맞을 것 같다.

"아니 아침 안 먹으면 배가 고프니까 밥을 달라고 하지 그랬어요. 아니면 대충 뭐 좀 먹고 나오던지."

아침에 밥을 못 먹고 나왔다며, 투정을 부리던 직원들에게 슬쩍 떠봤다.

"상미야! 아침에 밥 달라고 하는 남자가 간 큰 남자란다. 나중에 나이 들어서 구박 받기 싫으면 아침밥까지 달라고 하면 안 된대."

웃으며 이야기 했지만 그들은 자신들의 처량한 모습을 감추고 싶었던 것 같다. 이십대 쌩쌩한 나이도 아니고 나이가 들수록 점점 더 시들어지는 모습으로 아내에게 "밥 달라!"라는 말은 제대로 하지 못하는 듯 했다. 아내에게 아침밥을 달라고 하면, 분명 아내가 어떤 말을 할지 안 봐도 훤한 일이기 때문이다.

"그 놈의 밥, 밥, 밥. 진짜 지겨워! 어떻게 삼시세끼를 다 찾아 먹으려고 해? 하루에 두 끼만 먹어도 안 죽는데. 나이가 드니까 배도 빨리 고프나봐!"

정말 서글픈 일이다. 옛날에는 집안의 가장이 들어오지 않으면 가장 따끈따끈한 밥을 밥그릇에 담아 행여 식을세라 이불 속에 묻어

놓았다. 그런데 지금은 어떤가? 남편이 밖에서 밥을 먹고오지 않으면 "당신은 친구도 없어? 밥 한 끼 같이 먹을 사람도 없어?"라고 말한다. 어쩔 수 없는 세상의 변화다. 물론 모든 남자들이 그런 대접을 받고 모든 여자들이 그런 대접을 하는 것은 아니다. 하지만 겉으로 내색하지 않아도 하루세끼 남편의 밥을 챙기는 것은 보통 귀찮은 일이 아니다.

내가 일 하는 직장은 교대근무를 하는 곳이다. 그러니 쉬는 날이 걸리면 하루 종일 아내와 함께 집에 있어야 하는 날이 종종 있다. 아내가 맞벌이를 하지 않은 전업주부라면, 그런 날은 더욱더 많다. 하루는 직원 중의 한 명이 이런저런 이야기 끝에 하루 종일 아내와 함께 있으니 눈치 보인다는 말을 하며 불평의 물꼬를 터트렸다.

"낮에 쉬는 날은 나와서 일을 좀 했으면 좋겠어. 아니면 어디 가서 일 할 데가 없을까?"

"아니, 왜요? 집에서 쉬면 되죠."

"집에서 쉬면 하루 종일 마누라하고 같이 있는데, 하루 세끼 밥 얻어먹는 게 왜 이렇게 눈치가 보이는지 말이야. 마누라는 청소하고, 빨래한다고 설치는데 내가 또 안 도와줄 수가 없는 거야. 그냥 보고만 있으면 몸 둘 바를 모르겠다니까. 남편이 쉬는 날이면, 좀 편하게 쉬게 해 줬으면 좋겠는데 꼭 청소기를 돌리고 손빨래를 한다니까. 그게 무슨 의미겠어. 차라리 나가라는 의미 아니겠어? 그런데 그런

165

분위기에서 때가 되면 밥 달라는 소리를 어떻게 하냐고. 이놈의 뱃속은 놀아도 같은 시간에 배가 고프단 말이야. 그래서 사실 눈치가 많이 보여. 나이가 들수록 더더욱 그래."

"그럼 나가서 누굴 만나거나 저녁을 드시고 들어가거나 하시면 되지 않을까요?"

"친구들 만나고 그러면 또 술을 먹잖아. 남자들이 모이면 뭐하겠어. 맨송맨송 모여서 얼굴만 쳐다보겠어? 당연히 술이 필요하잖아. 술 먹고 들어가면 또 술 먹고 왔다고 또 한 바탕이야. 어휴, 진짜 눈치 보여!"

"에잇, 그럼 그냥 일 하세요! 쉬지 말고 계속 일해! 일 하러 나오면 내가 밥은 먹여줄게요! 알았죠?"

그 직원의 처량한 모습에 나는 장난을 치며 대꾸해 줄 수 있는 일이 전부였다. 내가 해 줄 수 있는 말이 없었다. 위로를 어떻게 해줘야 할지도 몰랐다. 그리고 어떻게 보면 요즘은 다들 이렇게 사는 것 같아 위로가 필요 없을 것 같았을지도….

세월이 흐르고, 세상이 변하면서 여자들의 힘이 강해진 것도 사실이다. 오래된 과거처럼 순종하는 여자는 찾아보기 힘들 정도다. 그리고 남자가 나이가 들수록 점점 약해지는 것과 반대로 여자들은 점점 나이가 들수록 강해지고 용감해진다. 그래서 '아내에게 잘하라'는 이유가 여기 있다. 나이 들어서 마누라에게 무시당하기 싫으면, 한 방에 혹 가기 싫으면 잘해야 한다는 것이다. 그래야 나이 들어서 하루 세끼 중에 두 끼는 군소리 없이 얻어먹을 수 있지 않겠는가. 그래야 반찬에 남편을 위한 계란프라이 하나 정도는 해 줄 수 있지 않겠는가. 아이들이 태어나면서부터 남편들을 위한 반찬은 없어지는데, 가끔씩 계란프라이 하나 먹고 싶지만 해달라고 말 할 수도 없을 때가 올 것이다. 그러니 그대들을 위한 계란프라이를 위해서라도 '간 큰 남자'의 주인공은 되지 말아야 하지 않겠는가.

'간 큰 남자' 이야기를 읽으면서 입가에 미소가 지어지는가? 아니면 울상과 한 숨이 생기는가?

걱정마라. 다 지나갈 테니. 🐾

scene.2
버는 돈 따로 쓰는 돈 따로

남자들이 마음대로 할 수 없는 것 중 하나가 바로 돈이다. 폭탄주를 마시던, 팬티 한 장을 사던 항상 있어야 하는 게 돈이다. 돈만 가지고 있으면 뭐하겠는가. 돈은 쓸 수 있어야 한다. 그런데 사실 남자들은 마음대로 쓸 수 없는 게 돈이라고 한다. 돈을 벌지 못해서 쓸수 없는 것일까? 아니다. 돈을 벌어도 쓰지 못하는 것이 문제다.

얼마 전 나는 누군가에게 재미있는 이야기를 들었다. 내가 들어도 어이상실인 일인데 당사자의 입장은 오죽했을지 보지 않아도 뻔했다.
같은 직종 공무원으로 근무하는 부부가 있었는데, 그 둘 사무실은 1분이면 왕복이 가능한 거리였다. 그 만큼 아주 가까웠다. 나 역시 그 부부를 잘 알았는데, 그 남편과 함께 근무했던 남자로부터 그 부부에 대한 이야기를 들었다. 세상에 이런 아내는 없을 거라며 입에 거품을 물고 침을 튀어가며 흥분을 가라앉히지 못하고 이야기하기 시작했다.

"상미야, 너 형석이 알지? 그 마누라도 알지? 야, 그놈 마누라 장난 아니더라. 그 전부터 들었던 말이 있기는 했지만 그 정도로 심한지는 몰랐어. 우리가 밥을 시켜 먹었는데 그 날은 밥값을 형석이 놈이 내기로 한 날이었어. 그래서 밥을 시키고 얼마 시간이 지나지 않아 배달이 왔거든. 그런데 밥값을 내야하는 놈이 지갑은 안 열고 전화를 하는 거야. 그러더니 1분도 안 돼서 마누라가 사무실 문을 열고 들어오는 거지. 그리고 밥값을 내 주고 나가는 거야. 남편 동료들 보는 앞에서 남편을 개망신 시키더라고. 그래서 혹시 지갑을 두고 왔나 해서 형석이 한테 물어봤는데 지갑을 두고 온 게 아니고, 마누라가 용돈을 주지 않는다는 거야. 밥값은 자기가 와서 내 줄 테니 돈이 필요 없다면서 말이지. 우리는 그 말을 듣고 어이를 상실했어. 진짜 너무한 거 아니야? 남편을 발톱에 때만큼 생각 안하나봐. 그러면서 지는 몇 십 만 원짜리 파마를 하지 않나, 지 몸에는 돈을 쳐 바르면서 말이야. 어우. 상미야, 너는 안 그러지?"

형석은 적어도 한 달에 삼백만원 가까운 월급을 벌어오는 남자였을 것이다. 그런데 그 삼백만원 중에 점심값 정도의 돈도 마음대로 쓸 수 없는 입장이었다. 사실 그렇게 하라고 하는 그의 아내도 문제

169

이지만, 그렇게 하라고 해서 그렇게 한 형석에게도 문제가 있어 보였다. 남편이 무슨 죽을죄를 지은 것도 아니고 적어도 남자의 최소한의 자존심은 지켜줄 수 있게 해줘야 하는 거 아닌가. 하지만 이런 일은 형석만 겪고 있는 문제가 아닌 듯 했다. 물론 똑같은 상황은 아니었지만 남자들이 자유롭게 돈을 쓸 수 있는 상황은 그리 많아 보이지 않았다.

"우리 간식 사다 먹을까요?"

내가 말을 먼저 했지만, 누군가 대답해주길 바랐다.

"엥? 왜 대답이 없대? 우리 간식 먹을까요? 아이스크림 먹을까요?"

남자직원들은 서로 눈치만 보고 있었다. 누구라도 먼저 대답한 사람이 돈을 내야 할 것 같은 느낌이었던 것 같다.

"뭐야? 더우니까 아이스크림 사먹자고요! 에잇, 내가 살게!"

누가 돈을 내나 서로 눈치만 보고 있는 것 같아 그냥 내가 돈을 내겠다고 윽박질렀다. 물론 처음부터 내가 사려고 했었기에 더 큰소

리를 칠 수 있었다. 분명 지갑에 돈 만원 가지고 다니는 직원이 없을
거라는 것을 나는 잘 알고 있었기 때문이다.

"오우, 좋아! 난 비싼 거. 알지? 콘 있잖아."
"나도 그거 그거."

내가 산다는 말이 끝나기 무섭게 서로 먹고 싶은 아이스크림 종류
를 말하며, 내 정신을 훅 빼 놓았다.

"으이그. 누가 돈 내라고 할까봐, 좀 전에는 꿀 먹은 벙어리더만
지금은 말도 잘하네! 차라리 없으면 없다고 말하면 되지. 치사하게
누가 사나 간이나 보고 말이야!"
"상미야! 네가 이 남자들의 마음을 아니? 네가 산다고 해서 얼마나
다행인지 몰라. 돈을 하나도 안 가지고 왔거든. 현금이 없어!"
"왜? 카드 없어요? 카드도 되는데?"
"야! 너 왜 그러니? 카드는 차 주유할 때만 사용해야 되는 걸 몰라
묻니?"
"어이구. 왜 살아? 번 돈만큼은 아니어도 아이스크림 하나 사먹을
돈도 못 갖고 다니면서!"
"그러게, 참 먹고살기 힘들다. 직장에서나 집에서나 왜 이렇게 먹
고 살기 힘드냐?"

이런 일은 자주 있는 일이었다. 사실 내가 일을 하면서 남자 직원들에게 간식을 얻어 먹어본 일은 거의 손에 꼽을 정도였다. 간식을 산다고 해도 총각들이 대부분이고 처자식이 있는 남자들은 천 원짜리 한 장이라도 쉽게 쓰지 못한다. 아니 그 단 한 장이라도 지갑에 없다는 표현이 맞을 것 같다.

나는 그들을 이해한다. 아니 이해하려고 노력한다. 한 집안의 가장으로서, 그리고 한참 돈이 많이 들어가는 아이들을 둔 아버지로서 그럴 수밖에 없다는 것을 알고 있다. 그게 대한민국 아버지들의 현주소가 아닐까? 주변에서 쉽게 마주칠 수 있는 평범한 아버지들의 현재 모습 말이다.

사무실 밖 귀퉁이에서 남자들이 한데 모여 담배를 피우며 심각한 표정을 하고 있다. 무슨 정치 이야기를 하는 것도 아닐 텐데, 뭐가 그리도 심각한지 궁금했다. 한 숨을 푹푹 쉬어가며, 먼 하늘만 바라보는 그들을 보니 분명 돈에 관한 이야기라는 것을 한 눈에 알아차릴 수 있었다. 표정에 딱 그렇게 쓰여 있었다.

“어제 우리 마누라한테 비상금 통장 딱 걸렸다.”

“진짜요? 근데 비상금 통장 있었어요?”

“당연하지! 비상금 통장 없으면, 어떻게 사니?”

“왜요? 그냥 형수님한테 돈을 달라고 하면 되잖아요!”

“암튼 결혼 안 한 놈들은 뭣도 모른다니까. 네가 결혼을 알아?”

결혼 안한 총각 직원이 옆에 있던 다른 선배 직원에게 눈치를 보낸다. 그러자 그 선배 직원 역시 같은 말을 하며 핀잔을 주기 시작했다.

"야! 너도 혼자 있을 때, 결혼 전에 비상금 통장 만들어놔! 결혼해서 이거 하게 돈 달라, 저거 하게 돈 달라 그런 소리를 어떻게 하니? 그리고 또 달라고 하면 돈을 순순히 주니? 주면서 뭔 놈의 잔소리를 하는지. 그 잔소리 듣기 싫어서 달라고 하기 싫은 거야. 그래서 비상금 통장을 만들지!"

"아! 그렇군요. 그런데 부장님! 비상금 통장 걸리셔서 어떻게 해요?"

"어떻게 하긴, 뺏기는 거지. 뺏겼으니 당분간 자중하고 다시 만들어야지. 어휴 정말 더럽고 치사하다. 정말, 통장 걸린 게 문제가 아니라 마누라 기분 풀어 주려면 그게 문제다 지금. 에잇, 오늘 소주나 한 잔 해야겠다. 야! 오늘 소주 한 잔 할까?"

"이 사람 정신 못 차렸어? 저번에 술 먹고 술값 나온 것도 아직 갚지도 못했거든? 그때 몇 명이었지? 5명이었지? 다 어디 갔어? 빨리 모이라고 해. 그거 뿜빠이 하기로 했잖아."

"어휴, 정말 살맛이 안 난다. 나는 내가 버는 돈에서 10프로만 내 마음대로 써 봤으면 좋겠다. 차 기름 값 빼고, 점심 값 빼고."

언제부터인가 내가 버는 돈은 내 돈이 아니었다. 어렸을 때는 빨리 어른이 되게 해달라며 소원을 빌었다. 그 이유는 어른이 돼서 돈을 벌어 내 마음대로 쓰고 싶다는 생각 때문이었던 것 같다. 그래서 어른이 되어서 돈을 벌기 위해 안간힘을 썼다. 돈을 벌어 누릴 미래의 핑크빛 생활을 꿈꾸며 열심히 차곡차곡 모으기도 했다. 그러나 이상하게도 돈이 모아지지도 않거니와 상상속의 핑크빛 생활은 어느새 자욱한 회색빛으로 변해버렸다. 버는 만큼 쓸 수 없었기 때문이다. 그냥 버는 일만 하는 사람이 되어버린 것 같다. 하긴 벌어도 모아지지 않으니 어쩔 수 없는 일이다.

아이들 학원 때문에 안 되고, 냉장고를 바꿔야 해서 안 되고, 마누라 미용실을 가야 해서 안 된단다. 갑자기 본가에 일이 생겨 안 되고, 병원에 가야해서 안 된단다. 필요한 게 있으면 카드로 결제를 하라면서, 휴대폰으로 온 카드 사용 문자는 매일 검사를 하는 마누라 때문에 뭘 하지도 못하겠다.

남자도 때로는 소주도 한 잔 하고 싶고, 마누라 생각해서 꽃다발이라도 한 다발 사다 주고 싶을 때가 있다. 그런데 그럴 여유가 없다. 주머니에 두둑이 현금이 있는 것도 아니고 사실 "꽃다발 필요 없고, 돈으로 줘!"하는 분위기가 전혀 없는 마누라 때문에 할 수가 없다.

그래도 남자다. 많은 돈도 필요 없다. 버는 돈 만큼은 아니어도 주머니에 적어도 현금 십만 원은 가지고 있어야 하는 거 아닌가? 평생 안 쓰고 자존심 유지 용도로라도 말이다.

자, 그럼 지금 아내에게 문자 메시지를 보내보는 게 어떨까?

"나 현금 십만 원만 줘! 이유는 묻지 말고."

대답은….

"나 현금 백만 원만 줘! 이유는 묻지 말고. 그러면 내가 현금 십만 원 줄게. 이유는 안 묻는다."

그냥 지금처럼 살아야 할 판이다. 🐾

scene. 3
차라리 대머리를 선택한다.

아침부터 대준은 거울 앞에서 신세한탄이다. 세월이 흐를수록 빠지는 머리카락 때문에 고민이 많다며 아침부터 울상을 짓는다.

"이제는 머리가 휑하네! 머리카락이 가면 갈수록 빠지는 것 같아. 이렇게 심하지 않았는데 말이야. 어휴, 이 주름 좀 봐! 주름은 더 많아 지는 것 같고, 머리칼은 숭숭 빠지고 정말 심난하다. 탈모에 제일 유명한 의사가 누구지? 내가 돈을 들여서라도 더 이상 빠지지 않게 관리해야겠어."

그렇지 않아도 요즘 부쩍 체중이 늘어 배가 나와 속상한 대준은 갑자기 휑해진 정수리를 보고 한 숨만 푹푹 쉬기 시작했다. 바쁘게 일하느라 관심도 갖지 않았던 그는 갑자기 변해버린 것 같은 자신의 모습을 보며 "늙었구나!"하고 아침부터 신세한탄을 했다. 그도 그럴 것이 이제 겨우 마흔인데, 자신만 부쩍 나이 들어 보이는 것이 싫었을 것이다. 이게 다 그 놈의 탈모 때문이라 생각한 것이다.

며칠 후, 대준은 어렵게 시간을 내서 예약하기도 힘들다는 대학병원 교수에게 진료를 보고 왔다. 탈모에 좋다는 약을 처방받고 얼마나 좋아하는지 벌써부터 까만 머리가 정수리를 매우는 것 같다며 신나했다. 도깨비 방망이가 뚝딱 풍성한 머리를 만들어 준 것 같아 엄청 들뜬 모습으로 말이다.

"상미야! 머리 좀 봐봐! 머리가 좀 까매진 것 같지 않아?"

대준은 매일매일 거울을 보며 거울이 뚫어져라 머리만 쳐다봤다.

"엥? 벌써? 난 잘 모르겠는데?"

"자세히 좀 봐봐! 내가 느끼는 건데, 머리카락이 더 단단해진 것 같고, 까매진 것 같아."

"그래? 우와 신기하다. 본인이 그렇게 느끼는 거면 맞겠지!"

"그치? 이거 정말 효과가 있는 것 같아. 좀 더 머리카락이 풍성해진 것 같아. 오케바리!"

"그렇게 좋아? 애다 애."

"야! 너는 몰라서 그래. 이 머리카락이 없는 사람들이 얼마나 스트레스인지."

"알았어! 계속 부지런히 약 먹어. 더 효과 있게. 근데 이런 약은 부작용은 없나?"

나는 무심결에 약에 대한 부작용이 있는지 물어봤다. 물론 그 약에 대한 사전지식을 알고 있지 않았고, 또 별로 관심 갖지 않았었다.

"부작용? 사실 나도 그게 걱정인데. 나는 속설인 줄 알았는데, 그게 사실 인가봐!"

대준의 좋아하던 모습은 어디 갔는지, 갑자기 심난해지기 시작했다.

"부작용이 있나봐? 뭔데? 갑자기 왜 이리 심난해져?"
"그게 좀 너한테 말하기가 뭐 한데…."

대준은 대충 돌려 말하며, 대답을 회피했다. 뭔가가 있었다.

"에잇, 진짜. 뭐냐고? 뭔데 그래?"
"사실 이 약이 남성호르몬을 좀 죽이는 역할을 한단다. 한 마디로, 남성호르몬을 억제 시키는 거지."

"헉, 그럼 좀 거시기 하네?"

"그렇지! 사실 근데 그게 속설이 아니고 진짜 인가봐! 진짜 그런 것 같아. 느낌에."

사실 남자들의 탈모유형인 정수리 부분 탈모는 남성호르몬의 영향이 있다고 한다. 그래서 탈모치료제가 남성호르몬의 작용을 억제시키는 작용을 해서 더 이상 탈모가 진행되지 않게 하는 역할을 한다. 물론 그 약이 휑해진 정수리를 꽉꽉 채워주는 역할을 하는 것은 아니다. 하지만 더 이상 탈모가 진행되지 않게 도와줄 수 있으며 머리카락이 건강해져 탈모가 줄어드는 역할을 해준다고 한다.

대준 역시 그 사실을 의사를 통해 들었으며 그러한 부작용이 있을 수 있다고 안내를 받았다. 그런 부작용을 알고 있으면서도 멋진 모습을 위해 탈모치료를 결심했던 것이다. 많은 남자들이 탈모치료를 받으면서 부작용에 대한 우려를 하지 않는 것은 아닐 것이다. 대준도 마찬가지였다. 탈모 치료를 위해 그정도 부작용은 감수하리라 다짐했었던 것이다. 하지만 그 결심은 한 달이 채 가지 않았다. 남자 마흔이라는 나이에 성기능이 떨어진다는 생각을 하니 갑자기 자기 자신이 더 못난 놈이 되는 것 같아 처음 처방받은 한 달 분의 약을 다 복용하지 못하고 중도 포기 했던 것 같았다.

사람 마음이 참 간사한 것이 처음 약을 복용했을 때는 머리카락이 더 자라는 것처럼 보였지만 시간이 갈수록 큰 변화가 없는 것을 보고 약 복용을 중단하게 됐다. 물론 단기간에 되는 것은 아니었지만 약에 대한 부작용 때문에 중단했다는 것이 더 맞는 것 같다.

"오우, 머리카락이 확실히 더 건강해진 것 같아. 눈에 보여."

"야! 장난 할래? 나 약 안 먹거든? 그런데 무슨?"

"그래? 왜? 그것 때문에?"

"어, 그냥 이대로 살래. 차라리 대머리가 되고 말지. 그건 좀 거시기 하잖아!"

"으이그. 처음에는 좋다고 먹더만, 내 그럴 줄 알았어!"

"그럴 줄 알았으면, 처음에 좀 말리지 그랬냐? 둘 중 하나만 택하라고 하면 당연히 대머리를 택하지."

"그래, 그냥 있는 그대로 살아. 아니 뭐 새장가를 갈 거야? 아님 애인을 만들 거야? 언니가 머리 휑하다고 싫대?"

"아니야, 그냥 내 만족이지. 그냥 이렇게 살란다. 그래도 자존심은 지켜야지."

머리가 다 빠지는 한이 있더라도 남자의 자존심을 지키고 싶다고 했다. 더 어려보이고 싶고, 더 잘생겨 보이고 싶어서 외모를 가꾸는 남자들이 부쩍 많아진 것은 사실이다. 그래서 요즘은 더더욱 헤어스타일이나 피부 관리에 남자들도 공을 들이기 시작했다. 이런 와중에 탈모로 인한 대머리를 선택하겠다는 것 자체가 남자들에게 성기능이라는 것이 얼마나 큰 자존심인지 알 수 있을 것 같았다.

여자들은 그렇지 않다. 차라리 남들에게 보여 지는 모습에 치장을 하고 돈을 투자한다. 그러나 남자들은 그것들보다 더 포기할 수 없는 다른 것이 있다는 것을 보면, 분명 중요한 어떤 것이라는 것을 나는 짐작할 수 있었다. 그만큼 지키고 싶은 자존심이라는 것이다.

머리카락은 대체 왜 빠지는 것인가? 남성호르몬의 영향을 받아 그렇다면, 정말 머리카락이 많이 없는 남자들은 남성호르몬이 아주 많이 풍부하다는 의미인가? 그 말은 즉, 남자의 자존심이 강하다는 말일까? 그래서 예전부터 "머리숱이 적은 사람들이 성욕이 강하다"라는 말이 생겨난 것은 아닐까? 모두 속설이라 생각했는데, 이렇게 생각해보니 없는 말은 아닌 듯하다.

세월은 계속 흘러간다. 나이도 계속 먹어간다. 머리카락도 계속 빠져간다. 그렇다고 빠진 머리카락 잡아보자고 힘없는 남자가 되고 싶지는 않다. 그래도 그것만은 자신 있는데 말이다. 거울 속의 내 모습을 보고 한 숨을 쉴 필요도 없다. 신세한탄을 할 필요도 없다. 반대로 생각해 강한 남자라는 것을 인정하면 그것으로 된다. 좀 비어 있으면 어떤가? 세상은 공평해서 비어 있으면 다른 곳에 채워주기 마련이다.

"모두 다 생각하기 나름이다." 🐾

scene.4
그래도 아줌마보다 아저씨다.

아저씨가 된다는 것은 딱히 좋은 일은 아닌 것 같다. '아저씨'를 연상해보면 보통 그렇게 좋은 이미지가 떠오르지 않기 때문이다. 지하철에서 쩍벌남이 되거나 퀴퀴한 냄새를 풍기는 사람은 모두 아저씨다. 그리고 벗겨진 정수리도 모자라 기름이 져 있는 사람도 역시 아저씨다. 그냥 아저씨라는 의미는 우리가 생각하는 그런 아저씨였다. 그러니 남자들은 자신의 의도와는 전혀 상관없이 나이를 먹으면 모두 그저 그런 아저씨가 돼버린다. 깔끔하고 좋은 향수냄새를 풍기면서도 배 바지를 입고 있으면 그냥 아저씨로 여기게 되는 것처럼.

진수는 지친 몸을 이끌고 퇴근을 한다. 하루 종일 상사에 시달리는 것도 모자라 퇴근 때는 지하철 승객들로 인한 몸살이 날 지경이다. 비좁은 틈 속을 파고 들어가 겨우겨우 손잡이를 잡고 작은 키로 낑낑

거리며 힘들게 버티고 서있었다. 그런데 공교롭게도 진수의 앞에 서 있는 사람은 아줌마인지 아가씨인지 모를 여인네였다. 퇴근시간대의 지하철 안은 모든 이가 다 아는 것처럼 복잡하고 답답하고 공기도 탁하다. 사람이 너무 많기 때문에 앞 뒤 사람, 옆 사람 할 것 없이 부딪히는 것은 다반사다. 손잡이를 잡기 위해 진수는 자신 앞에 서 있는 그 여인네와 전혀 고의가 없는 과실로 인해 약간의 접촉이 있었다. 그리고도 진수는 그녀에게 피해를 주지 않기 위해 그 좁은 틈에서 엉덩이를 뒤로 빼며 안간힘을 썼다. 하지만 워낙에 좁은 곳이라 의지와는 상관없이 자꾸 그녀에게 겨드랑이 땀 냄새를 풀풀 풍기게 됐다. 민망하기도 했지만, 어쩔 수 없었다.

"어휴, 진짜 짜증나! 땀 냄새에 머리 기름 쩔은 냄새에. 왜 이렇게 들러붙는 거야? 그렇지 않아도 공기가 탁해서 죽겠는데. 하여튼 아저씨들은 꼭 티를 내요."

진수의 행동에 그녀는 혼잣말로 구시렁거리기 시작했다. 혼잣말이었지만 워낙에 가까이 있어서인지 아니면 귀가 너무 밝아서인지 한 번에 알아들을 수 있었다. 사실 진수는 많이 억울했다. 일부러 그런 것도 아니고 퇴근시간대에는 지하철이 모두 이런 것을 모르는 것도 아닐 텐데 말이다. 하지만 어쩌겠는가? 그렇다고 혼잣말로 구시렁거리는 그 여인네에게 대놓고 따질 수는 없지 않은가. 그랬다가는 미친 놈 소리를 들을게 뻔했다. 그렇게 진수는 여덟 정거장을 지나 그 복잡하고 기분 나빴던 지하철에서 내릴 수 있었다. 집까지 터벅터벅 걸어가면서 유난히 힘들었던 오늘을 달래기 위해 편의점에서 캔 맥주 한 개를 사다 벌컥벌컥 들이키기 시작했다. 탁탁했던 공기가 그 맥주 한 캔으로 다 씻어 내려간 기분이었다. 맥주 한 캔에 우울함을 던져 버리고 집에 들어갔다.

"애들아! 아빠 왔다!"
"어휴, 술 냄새. 또 술 마셨어요?"

진수의 딸이 짜증을 부리며 땍땍 거린다.

"어, 목이 말라서 요 앞에서 한 개 먹었어. 캔 맥주 딱 한 개."
"아빠, 아빠 좀 그러지 마! 지금 아빠 모습이 어떤지 알아? 제발 아저씨라는 것 좀 티내지 말라고."
"야, 이놈아. 아빠가 아저씨인데, 어쩌라고? 아빠가 어때서?"
"아빠, 가서 거울 좀 봐 봐요. 아빠만 돈 벌고 아빠만 힘들어? 다른 아저씨들은 적어도 아빠 같지는 않아. 아빠한테 아저씨 냄새도 난단 말이야. 좀 잘 좀 씻고, 향수도 좀 뿌리던지."

진수의 딸은 그런 아빠의 모습이 속상했던지, 괜히 짜증을 내고 방

184

으로 들어가 버렸다. 진수는 그런 딸의 모습을 보며 조금은 서운하기도 했지만 거울에 비친 자신의 모습을 보고 아무 말도 하지 못했다. 거울에 비친 모습은 안 봐도 뻔했다. 배에 걸쳐있던 배 바지는 이미 배 밑으로 축 처져 있었고 넥타이는 이미 반쯤 풀린 상태였다. 셔츠는 바지에서 삐져나와있는 것이 누가 봐도 딱 아저씨였다. 아침에 분명 감았던 머리는 기름이 져서 산발이 돼 있었고 하루 종일 찌들어있던 담배와 땀 냄새 그리고 좀 전에 먹었던 맥주 냄새가 짬뽕이 된 퀴퀴한 냄새가 진동을 했다. 이런 모습이었으니 지하철에서는 여자에게 들러붙는 냄새나는 아저씨로, 집에서는 멋이라고는 전혀 없는 전형적인 아빠로 여겨지지 않겠는가 말이다.

참 서러운 일이다. 그냥 흘러가는 세월 앞에서 당할 자가 누가 있겠는가. 그 세월과 함께 나이를 먹고 자연의 순리대로 그렇게 늙어가는 것뿐이거늘. 아저씨가 뭔 죄인도 아니고 왜 툭하면 인상 쓰며 아저씨를 핑계로 잔소리만 하느냐 말이다. 다른 좋은 말도 많은데, 늙어가는 것도 서러운데 자꾸 아저씨를 들먹이는지 이유를 모르겠다.

"나 이제 나이가 들었으니, 머리 좀 길어볼까?"
"에이, 그래도 머리 짧은 게 더 어려보이잖아요."
"나이가 어린것도 아니고 이제는 짧은 머리가 좀 부담스럽네."
"자기가 하고 싶은 대로 하는 거지, 나이가 어리다가 머리 짧게 해야 하고, 나이가 많다고 머리를 길러야 하나요? 그냥 자기 스타일로 가는 거죠. 나이가 들면 오히려 더 젊어보이게 머리도 짧게 하고, 빠마도 하고 그래야 하는 거죠."

"어이구. 남자가 나이에 맞게 행동해야지. 빠마에 염색에 그건 좀 아니다."

"자기 자신이 나이 먹었다고 생각하면 겉모습도 같이 늙어가는 거예요. 생각이 중요하다고요. 나이 칠십에 초콜릿 복근 만든 할아버지 안 봤어요? 몸만 보면 누가 그 할아버지 보고 할아버지라고 해요. 총각이라고 하지. 아저씨라고 해도 아저씨 티를 내지 않으면 사람들이 아저씨라고 안 불러요. 선생님이라고 하지."

"그래도 좀 이상하지 않을까? 나이에 맞게 해야지."

"모든 건 처음이 힘든 법이에요. 처음에만 좀 그렇고 지나면 아무렇지도 않아요. 그리고 다른 사람들도 부러워서 한 마디씩 하는 거니까 신경 쓰지 마세요."

사람은 어떻게 생각하느냐에 따라 몸도 마음도 바뀐다. 스스로 늙었구나 하면 몸도 마음도 그리고 패션도 생각도 고리타분해진다. 하지만 항상 젊다고 생각하면 몸도 마음도 이십대의 청춘처럼 관리할 수 있고 패션도 생각도 이십대처럼 바뀔 수 있는 법이다.

사람들이 멋없는 아저씨라고 생각한다면 분명 이유가 있는 법이다. 촌스러운 이대팔 가르마 헤어스타일이나 떡 진 머리, 배꼽 위까지 치켜 올린 기지바지에 펄럭이는 통이 넓은 바지는 딱 아저씨 패션인 것이다. 아무리 나이가 어린 이십대라도 이런 헤어스타일에 이런 패션을 하면 그 역시 아저씨가 되어 버린다. 모두 자기 생각에 달리고 조금의 관심으로 바뀔 수 있는 것들이 아닐까?

진수는 딸이 충고해 준 것들을 생각하며 오늘은 신경 써서 차려입고 향수도 뿌려 출근을 했다. 배꼽까지 올라온 바지가 편했지만 배꼽바지를 집어 던지고 청바지를 입었다. 편한 바지를 벗고 갑갑한 청바지를 입으니 처음에는 적응이 안됐다. 청바지가 자꾸 흘러내려가는 기분이 들었고 엉덩이의 팬티가 보일까봐 신경 쓰이기도 했다. 머리는 짧게 자르고 왁스도 발랐다. 하루 종일 신경 쓰여 일을 어떻게 했는지도 모르겠지만 마음만은 젊어진 것 같아 기분은 좋았다. 마음만은 아직 싱싱했지만 몸은 이미 파김치가 돼 또 다시 지하철에 몸을 맡겼다. 비좁은 틈을 비집고 들어가 운 좋게 빈자리를 발견했다. 자리에 앉으려는 순간, 아줌마인지 아가씨인지 모를 여인네가 먼저 그 자리에 앉아 버렸다. 참 잽싸게도 몸을 던진 것 같았다. 드라마에서 보는 전형적인 아줌마의 지하철 자리 맡는 모습을 눈앞에서 보는 듯 했다. 어쩜 저리도 뻔뻔한지, 자리에 앉고도 아무 일 없었다는 듯이 앉아서 스마트폰을 터치하기 바빴다. 남자들은 나이가 먹어 아저씨가 되어도 절대 하지 못할 일을 여자들은 나이가 먹으면 더 자연스럽게 할 수 있었다. 그 뻔뻔함과 용감함을 보면 분명 아줌마였을 것이다.

진수는 그 모습을 보고 문득 생각했다. 아침에 출근하기 위해 아파트 앞을 나오면 아줌마들이 하나 같이 핑크색 잠옷바지나 수면바지를 입고 슬리퍼를 신고 아직 세수도 하지 않은 얼굴로 아이들과 어린이집 버스를 기다리는 모습이 퍼뜩 떠올랐다. 생각해보니 아줌마이기에 가능한 일이다.

적어도 남자들은 잠옷 바지에 세수 안한 얼굴로 아이들과 어린이집 버스를 기다리지 않는다. 나이가 들면 들수록 오히려 더 그렇게 된다. 그런데 여자들은 결혼과 동시에 아줌마가 돼 버리고, 그 이미지에 맞게 뻔뻔하고 용감해지는 것 같다. 그 모습들을 생각하니 차라리 배가 나와도 인격이라 할 수 있고 퀴퀴한 냄새가 나도 중후함이라고 우길 수 있는 아저씨가 아줌마보다 더 나은 것 같다. 아줌마는 배가 나오면 '임신했냐'고 오해받고 퀴퀴한 냄새가 나면 깔끔하지 못하다고 생각한다. 그러니 차라리 인격과 중후함이라 핑계 댈 수 있는 아저씨가 더 나은 것 같다.

빠지는 머리카락은 어쩔 수 없지만 그래도 아줌마보다 아저씨다. 🐾

scene.5
마흔, 생각만 해도 눈물 나는 숫자

　서른이 이십대의 화려한 잔치가 끝난 시기라면 마흔은 어떨까? 사십대는 여자보다 남자들에게 참 의미 있는 나이인 것 같다. 잔치가 끝난 서른을 어떻게 버티고 꾸려 나가는가에 따라 그들의 마흔은 눈부시거나 그저 그럴 수 있기 때문이다. 그래서 그런지 각 서점에는 마흔을 주제로 하는 책들이 한참 열풍을 일으키기도 했다. 마흔에는 공부를 다시 해야 한다거나, 흔들리는 마흔을 다잡는다거나 뭐 그런 형식의 책들은 다가오는 마흔을 대비하기 위한 비책이라도 되는듯 남자들에게 더 많은 인기를 끌었던 것 같다.

　남자들에게 마흔이란 여자의 서른처럼 맞이하기 싫은 나이라고 한다. 인생 절반 정도의 기준이 돼버렸고, 그 생의 반 정도 되는 기간 동안 뭘 했는지를 후회하고 반성하는 시점이 됐다. 이상하게도 숫자에 불과한 나이이건만 서른아홉과 마흔의 차이는 하늘과 땅이라고 해도 과언이 아닐 만큼 멀고도 먼 숫자인 것 같다.

"아빠, 아빠는 몇 살이야?"

이제 여덟 살이 된 딸이 아빠에게 천진난만하게 물었다.

"아빠는 마흔인데."

"마흔이 뭐야? 마흔은 몇 살인거야?"

"40살이야."

"진짜? 우와 난 겨우 여덟 살인데, 아빠는 40살이래."

"그러게. 아빠도 나이 많이 먹었다. 우리 딸 태어났을 때 '언제 초등학생 되나?'하며 '초등학생 되면, 아빠가 마흔이네'하고 생각했는데, 벌써 아빠가 마흔이 됐네. 아빠도 이제 늙었나봐."

"아빠, 아빠 하나도 안 늙었는데? 아빠는 만날 똑같은데? 똑같이 멋져!"

맞다. 서른아홉이나 마흔이나 별로 달라진 것은 없었다. 똑같은 일상에 똑같은 모습일 뿐이다. 그냥 나이만 한 살 더 먹어 그것도 앞자리 숫자만 바뀐 것이지, 갑자기 서른이었다가 마흔이 된 것은 아니지 않은가? 생각해보면 그렇게 눈물 나고, 서러운 나이도 아닌 것이 왜 마흔의 남자를 슬프게 하는 것일까?

"네가 마흔을 알아? 어리고도 어린 게 40이라는 나이를 아냐고!"

남편은 나에게 툭 하면 자기가 마흔이라며 물어보지 않아도 여러 가지 방법으로 강조하기 바빴다.

"여자 서른이나 남자 마흔이나 뭐가 달라? 나도 서른여섯이다. 어리고 어린 것이라니."

"서른여섯은 아주 날고 기는 나이지. 어떻게 여자 서른하고 남자 마흔하고 비교하니?"

"근데 자꾸 왜 그래? 작년까지만 해도 안 그러더니 마흔이 되니까 갑자기 왜 그러냐고?"

"몰라. 그냥 심난하네. 이제껏 해 놓은 것 없이 '마흔이 됐나'하고 생각하면, 심난해."

"뭘 해 놓은 게 없어? 결혼하고 애 낳고 그랬으면 된 거지. 뭘 더 해야 하는데? 아주 복에 겨웠어요. 나는 내 서른이 어떻게 지나갔는지도 모르겠구만."

남편은 이상하게도 마흔이라는 나이를 맞이하기 싫었던 것 같다. 눈앞에 닥쳐오자 그냥 '마흔이네'라고 한 숨을 쉬며 사색에 잠겨 있었다. 그러면서 갑자기 뭔가 떠올랐는지, 이 한마디를 하고 또 다시 사색에 잠겼다.

"생애전환기 건강검진도 받아야겠네. 생애전환기. 참, 말도 멋지구나."

남자들에게 마흔은 그런 나이였다. 인생의 반의 시점에서 새로운 건강검진도 해야 하고, 앞자리 숫자만 바뀌는 것이지만 10년은 더 늙어버린 것 같은 그런 나이. 마흔을 앞두고 있는 나는 전혀 아무 생각 없는데, 남자들의 마흔은 많은 생각을 주는 나이였다.

"저도 마흔이라는 나이가 될까요?"

나보다 한 참 어린 후배 녀석이 문득 나에게 물었다.

"야! 그럼 당연하지. 너는 만년 청춘인줄 알았니?"
"그렇겠죠. 이제 10년 후면 저도 마흔인데."
"너 올해 서른이니? 많이 먹었구나. 나는 나만 나이 먹는 줄 알았지. 다른 사람 나이 먹는 것은 생각을 못했어."
"누나도 참, 나도 10년 후면 마흔인데요. 난 언제 결혼하고 애 낳고 키울까요? 누나는 벌써 애가 여덟 살인데."
"다 된다. 걱정마라."
"그럴까요? 서른은 그냥 그렇게 맞이했는데, 마흔에는 이 모습 이대로 일까 솔직히 겁나고 걱정 되요. 십 년이라는 세월이 흐르면 더 이뤄 놓은 게 많아야 하는 거 아닌가요? 아직 닥치지는 않았지만, 그 때를 생각하면 심난해요."

후배 녀석의 이야기를 들으니 내 남편이 왜 그리도 마흔이라는 나이에 심난해 했는지 알게 됐다. 남편은 서른일 때도, 마흔일 때도 똑같은 현실에 자신에게 화가 났던 모양이다. 십년이라는 세월은 강산도 변한다는데 크게 바뀐 것이 없으니 삶이 무의미하다고 느꼈을지도 모를 일이었다. 아이들은 커 가고 마누라는 책을 쓴다며 발전하는 모습인데 정작 자신은 그러지 못한다는 생각이 컸던 것 같다. 문득, 오십이 된 직장 선배의 말이 떠오른다.

"서른이 되면 이십대가 그립다. 마흔이 되면 삼십대가 그립다. 오십이 되니 마흔이 얼마나 찬란하고 빛났던 나이였는지 알 수 있더라. 이십대와 삼십대는 그냥 뭐 모르고 지나간 세월이었지만 생각해 보면 마흔이라는 나이는 내 인생의 전성기였던 것 같다. 여유도 있었고 멋도 있었고 그만큼 생각도 많았으니 새로운 꿈을 꿀 수 있었던 때였다. 마흔은 나에게 새로운 꿈을 줬던 나이였다."

마흔은 누군가에게 꿈을 주는 나이고 누군가에는 착잡함을 주는 나이일지도 모른다. 아무이유 없이 그냥 맞이하기 싫은 나이일지도 모르고 다가오는 오십을 위한 준비단계라고 생각하는 나이일지도 모른다. 성공자들의 오십대를 보면 '마흔을 어떻게 보내느냐'에 따라 그들의 인생의 판이 바뀐다 해도 과언이 아니었다. 생애전환기로 괜히 착잡하고 심난한 나이이지만 오히려 새로운 꿈을 꾸고 이룰 수 있을 것 같은 나이가 바로 마흔일지도 모른다.

"나는 서른이나 마흔이나 뭐, 한 살 더 먹으면 늘 심난해. 그런데 하루 이틀 지나면 다시 괜찮아져. 마흔은 서른아홉의 다음 숫자일 뿐이니까."

마흔 전의 삶은 인생의 전반전이고 마흔 후의 삶은 인생의 후반전이다. 마흔이라는 나이가 인생의 후반전을 위한 첫 스타트이지만, 정신없이 치열하게 살아온 인생의 전반전을 뒤로하고 마흔부터는 경험과 관록으로 천천히 그리고 신중히 도전하는 나이이다.

진짜 인생이 시작 되는 나이 마흔에는 꿈을 꾸어도 좋다. 생각만 해도 좋다. 그냥 마흔이던 오십이던 똑같은 삶을 살아도 좋다. 숫자가 바뀐다고 돈을 벌지 않아도 되는 것은 아니지 않은가? 숫자가 바뀐다고 내 인생이 통째로 바뀌지는 않지 않은가? 숫자에 큰 의미를 부여할 필요가 없다.

앞으로 십 년 동안은 나이의 앞자리가 바뀌지 않을 테니···. 🐾

scene.6
정말 바꾸고 싶은 것, 마누라

"죽을 것 같았다. 마음도 아팠다."

인간관계에서 서로에게 상처를 입힌다는 것은 이렇듯 죽을 것처럼 가슴 아픈 일이다. 가족이 아닌 이상 그 상처를 받아주는 사람이 얼마나 있겠는가. 그래서 서로에게 아픈 기억을 주고 아픈 상처를 준다는 것은 도로 그 상처를 내가 받는 것과 다름없는 것이다.

도진은 욱 하는 성격이 있는 다혈질이다. 그래서 누가 무슨 말을 하면 먼저 생각해보기도 전에 무조건 화부터 낸다. 그래서 그와 함께 대화를 하거나 어떤 일을 하게 되면 상처받는 사람이 한 둘이 아니었다.

"진짜 저 선배님이랑 같이 일 못하겠어요. 왜 이렇게 사람 말을 들으려 하지도 않고 자기 멋대로 하는 건지 정말 이해 안가요."

도진과 함께 일하는 수영은 갑자기 신세 한탄이다.

"왜? 또 무슨 일 있었어?"

"아니, 자기 멋대로 할 거면 혼자 일을 하면 되잖아요. 팀이라는 게 왜 있겠어요? 팀 내 다른 직원들 이야기는 들으려 하지도 않고. 무슨 말을 하기 시작하면 한두 시간 동안 자기 말만 하니 누가 선배 대접 하겠어요? 이번 일만이 아니에요. 늘 저래요. 늘."

평소 남의 말은 들으려 하지 않고, 자기주장만 밀어붙이는 도진을 두고 수영은 그 동안 쌓였던 이야기를 퍼붓기 시작했다.

"누구는 뭐 이 직장이 맘에 들어 이렇게 참고 일 하는 거 아니잖아요. 세상에 그런 남자들이 어디 있어요. 그냥 해야 하니까 하는 거죠. 그러면 다 같은 입장이면, 솔직히 자기도 우리랑 같은 입장이잖아요. 상사의 말에 따라서 하라면 해야 하는 입장이요. 그런데 도진 선배는 자기가 상사인줄 안다니까요. 자기가 그 상사하고 친하면 얼마나 친하다고 자기가 우리한테 지시를 하잖아요. 그것도 우리말은 완전히 무시하고 말이죠. 과장님이 이렇게 하라고 했으면 서로 의견

맞춰서 이렇게 하면 될 걸. 무슨 말만 하면 자기 생각대로 하라고 잔소리에 정말 짜증나요."

"또 그래? 그래도 요즘은 많이 좋아진 것 같은데?"

"웃기는 소리죠. 같이 일 하고 싶어 하는 사람이 없어서 그 과장님이 부탁해서 우리 팀에서 근무하는 건데 정작 본인은 그 사실을 모른다는 거죠. 처음에는 좀 괜찮았었는데 '지 버릇 개 못준다'고 똑같아요."

"그래서 지금 분위기는 어때?"

"어쩌긴요, 이번엔 팀 직원들이 들고 일어났어요. 같이 일 못하겠으니까 바꿔주던지 아니면 사람이 바뀌던지. 무임승차도 그런 무임승차가 없어요."

"그냥 지가 하자는 대로 하라고 해. 그리고 그 놈한테 일 하라고 하면 되잖아!"

"선배님! 그럴 것 같았음 입 아프게 이렇게 말도 안 해요. 중요한건 만날 시키기만 하고 자기 뜻대로 하자고 해놓고 정작 본인은 안한다는 거. 완전 무임승차. 과장한테 아부하면서 그렇게 전전긍긍 생활하는 사람이라고요. 우리가 불평하면 무조건 과장한테 가서 꼰질른대나 어쩐대나."

"그런데 수영아! 지금 도진이도 속이 많이 아플 거야. 그 놈이 지 자신도 알아. 지 성격이 원래 그렇다는 걸. 그래서 고민도 많이 하고 속상해 하더라니까. 자꾸 안 그러려고 하는데 자기도 모르게 그렇게 된대. 항상 후회해. 일 저지르고 후회해. 주워 담지 못하니까 말이야. 애가 나쁜 놈이라서 그런 거 아니야. 지금 도진이도 죽을 만큼 아플 거야. 원래 맞은 놈은 발 뻗고 자도 때린 놈은 발 뻗고 못 자는 법이거든."

"물론 그러겠지만, 진짜 한두 번도 아니고 이제는 우리도 못 참겠어요. 선배고 뭐고, 선배면 선배답게 굴어야지. 솔직히 자기가 그렇게 해놓고 후회가 되면 사과를 하던가 해야 하는데 그놈의 자존심 지키느라 더 그러는 것 같아요. 진짜 상처 많이 주는 것 같아요. 어쩔 때는 인신공격에⋯."

도진은 자신 때문에 이런 일이 일어났다는 것을 잘 알고 있었다. 알고 있었지만 먼저 다가갈 수가 없었다. 그놈의 자존심 때문인지, 어줍지 않은 가오 때문인지 미안할 때면 더욱 더 고개를 빳빳이 들고 '무슨 일 있었느냐'며 뻔뻔해진 모습이었다. 도진을 잘 알고 평소 도진의 고민을 들어줬던 선배가 그를 불러냈다. 그 선배가 바로 수영이 신세한탄을 했던 바로 그였다.

"야 이 새끼야, 너는 대체 왜 그러는 거야?"
"왜요? 갑자기."

선배가 자기를 보자마자 욕부터 내 뱉는 이유를 도진은 이미 잘 알고 있었다.

"왜요? 너 알면서 왜 묻니? 내가 이러는 걸 몰라 물어?"

"전 왜 그럴까요. 그러려 하지 않으려고 애썼는데 늘 생각과는 반대로 말이 먼저 나오고 뜻하지 않는 행동을 하게 돼요. 어떡하죠?"

"어떡하긴 뭘 어떡해? 넌 내가 몇 번을 이야기 했잖아. 그런데 계속 이런 식이면 너 더 이상 일 할 수 있는 부서가 없어. 솔직히 너 과장 때문에 이렇게라도 버티고 있는 줄 알아! 그래도 과장한테 밥은 잘 사서 이렇게 버티고 있는 거라고. 그러니까 직원들이 널 싫어하지. 할 줄 아는 것은 아부밖에 없다고 말이야. 그럴 시간 있으면 팀 직원들한테 잘하란 말이야. 욕 좀 먹지 말고. 나이 쳐 먹고 욕먹으면 좋냐? 그렇게 새파랗게 어린 것들한테?"

"제가 어떻게 잘하면 되는 건데요? 밥을 사야해요? 술을 사야해요? 어떻게요?"

"어떻게? 니가 바뀌면 되지. 널 바꾸란 말이야. 성격도 좀 바꿀 필요가 있고, 생각도 좀 바꾸고. 직원들 이야기할 때 아무 말 하지 말고 입이 간지러워 미쳐도 그냥 듣고만 있으라고."

"선배님! 저도 이론적인 답은 알아요. 그런데 실천하는 것이 어려우니 하는 말이죠. 사람 본성을 어떻게 그렇게 쉽게 바꿔요? 그게 안되니까 제가 이러는 거죠. 차라리 마누라를 바꾸는 게 더 쉽지!"

"에라! 이 자식아. 그럼 마누라를 바꿔라 바꿔! 마누라 바꾸는 것은 뭐 쉬운 줄 아냐? 차라리 널 바꾸는 게 더 쉬울지도 모르겠다. 내가 생각했을 때 마누라 바꾸는 게 가장 어려운 일이야. 널 바꾸기 전에는. 너 같은 놈 데리고 사는 마누라는 얼마나 대단한 사람이겠니. 그런 대단한 사람을 어떻게 바꾸니?"

시중에 나와 있는 자기계발서를 보면 "지금 당장 너 자신을 바꿔라!" "꿈을 이루기 위해 네 생각을 바꿔라!" "인간관계에서 제대로 된 소통을 원한다면, 너의 말하는 기법을 바꿔라!" "아이들에게 좋은 부모가 되려면, 너부터 바꾸어라!"하며 스스로를 고치고 바꾸라는 말 투성이다. 물론 근본적으로 나 자신을 바꾸고 내 생각을 바꾸면, 새로운 나도 발견할 수 있고 꿈을 이룰 수 있을지도 모른다. 그리고 내가 바뀌면 인간관계에서도 좋은 소통을 통한 정보를 얻을 수도 있을 것이다. 아이들에게 먼저 요구하고 바라지 않고 내가 먼저 바뀌고 먼저 행동하면 아이들은 저절로 보고 배워 좋은 부모와 자식관계가 될 수도 있을 것이다.

물론 '내가 바뀌면'이라는 단서를 놓고 말하는 것이다. 그래서 그런 방법을 내세우는 것이 바로 시중에 나와 있는 자기계발서다.

그런 책을 읽을 때는 어떤가? '아~ 그렇구나'라며 수긍하게 되지만 쉽게 자기 자신을 바꿀 수가 있었는가? 말도 안 되는 소리다. 오히려 바뀌지 않은 자기 자신을 보고 실망만 할 뿐이었다. 나 같아도 못 바꾼다. 사람의 본성을 어떻게 그렇게 쉽게 바꾸라는 말인가. 그래서 도진에게도 이 일은 참 힘든 일인 것이다. 절대 자신의 본성을 바꾸지 못할 것이다. 그냥 참아야 할뿐이다. 주위에서 "네가 바뀌어야 한다"라며 충고해 주지만 쉽지 않은 일이다.

"차라리 마누라하고 새끼들만 빼고 다 바꾸라고 하세요! 제 자신을 바꾸는 일은 정말 힘들어요."

"그래? 그래도 너는 좀 낫다. 나는 다 빼고 마누라만 바꾸고 싶은데. 물론 제일 어려운 일이겠지만."

죽을 만큼 아프게 남에게 상처를 줘서 힘들게 되었다 해도 가족만큼은 그 상처를 허락해 준다. 내 자신을 바꿀 수 없듯 마누라 역시 바꿀 수 없는 이유가 이 때문이 아닐까?

지금 문자를 통해 그 답을 찾아보자. 지금 아내를 생각하며, 아내에게 사랑한다고 문자 한번 보내보자. 답장에 따라 바꿔야 할지 말아야 할지 생각해 보기다.

"자기야, 사랑해!"

문자를 보냈다. 답장이 왔다.

"나야." 🐾

scene.7

시키는 일만 잘하는 게 가장 힘들다.

남자들이 가장 어려워하는 것 중 하나는 여자 말을 잘 알아듣는 일이다. 남자들이 말귀를 못 알아듣는 것은 여자들 때문이다. 그런데 말귀를 너무 잘 알아들어도 문제가 발생한다. 참, 미치고 팔짝 뛸 일이다.

"나 지금 출발했는데 너무 늦을 것 같으니까 밥 좀 해 줘!"

늦게 퇴근하는 아내의 전화에 정훈은 부리나케 밥을 하기 시작했다. 아내 말대로 밥을 했다. 오랜만에 마누라 말을 잘 알아들은 것 같아 뿌듯하기까지 했다. 그리고 삼십분이 흐른 뒤에 아내가 도착했다.

"밥 했지? 밥 먹자. 그런데 상은 아직 안 차렸어?"

"상? 자기가 국이랑 반찬을 해야 상을 차리지!"

당당하게 말대꾸를 하는 정훈이었다.

"뭐야? 밥 좀 해주라고 했잖아. 뭐 했어?"
"밥하라며! 그래서 시키는 대로 밥 했잖아. 밥만….."

점점 뭔가 이상한 기운이 뒤통수를 감싸기 시작했다.

"밥 하라고 해서 딱 밥만 해? 밥 하라는 말은 도착해서 밥을 먹을 수 있게 상을 차리라는 이야기지. 지금 이 시간에 어떻게 국 끓이고 반찬을 해? 늦을 것 같으니까 밥 좀 해주라는 말이었지. 그렇다고 딱 밥만 해 두냐?"

정훈은 순간 아차 싶었다. 또 아내의 말을 찰떡같이 못 알아먹은 것이다. 정말 여자들의 말은 같은 한국말이지만 참 어렵다는 것을 다시 느꼈다.

"아니 난 시키는 대로 했는데, 시키는 일만 잘하려고 한 건데 또 틀린 건가?"
"하여튼 응용을 할 줄을 몰라요. 그럼 내가 밥도 하고 멸치 볶음도

하고 된장국도 끓이고 이런 식으로 일일이 말해 줘야하는 거야? 제
발 시키는 일 좀 잘 해!"

정훈은 그야말로 멘붕이었다. 시키는 일이라 잘하려고 했는데 '시
키는 일도 못한다'고 핀잔을 듣게 됐다. 솔직히 시키는 일만 잘 알아
서 하는 게 얼마나 힘든 일인데, 시키지 않은 일까지 알아서 하려니
얼마나 힘들겠는가. 정훈은 서둘러 반찬과 국을 준비했다. 또 아내
에게 욕을 들을까봐, 하나부터 열까지 물어가며 하라는 대로….

모든 사람들은 마찬가지다. 직장에서나 학교에서나 가정에서나 무
엇인가를 스스로 만들어서 하려는 사람은 그리 많지 않을 것이다.
괜히 시키지 않은 일을 해서 문제를 크게 만들 바에 그냥 하라는 일,
해야 하는 일, 해서 이득이 생길 일만 하게 된다. 잘 못하면 본전도
못 찾을 일이 생길지도 모르기 때문이다.

"여기 있던 이면지 못 봤나? 여기 내 책상에 있던 이면지 말이야."

팀장님은 책상위에 뒀던 이면지가 없어진 것을 발견하고 노발대발
이셨다.

"네? 저는 팀장님 책상에 가 본적이 없는데요?
"아니 그럼 누가 없앤 거야?"

"팀장님! 왜요? 뭐 중요한 게 있었어요?"

"보고서 작성하려고 하루 종일 통계 뽑아 둔건데, 없어졌어! 나 미치겠네."

"헉, 그래요? 그게 어디 갔을까요? 발이 달린 것도 아니고. 혹시 옆에 떨어 졌나 한 번 보세요!"

여기저기 샅샅이 뒤졌지만 결국 그 이면지는 발견되지 않았다. 그리고 잠시 후, 팀에서 가장 나이가 많은 직원이 뚜벅뚜벅 사무실로 걸어 들어왔다.

"선배님! 혹시 팀장님 책상에 이면지 못 보셨어요?"

"응? 아 그거? 팀장님! 제가 아까 사무실 정리하면서 팀장님 책상도 정리 했습니다. 이면지가 많아서 제가 분쇄기에 갈았어요. 오랜만에 사무실 정리하는 김에 팀장님 책상도 정리 했어요. 먼지도 좀 있어서 좀 닦았고요. 전에 사무실 청소 제대로 안 한다고 해서 오늘은 제가 했어요."

그 선배가 말을 하면 할수록 팀장님의 얼굴이 점점 일그러지고 있었다. 자신보다 나이가 많은 사람에게 대 놓고 화를 낼 수도 없어 속만 터질 지경이었던 것이다.

"분쇄기에 갈아버린 그 이면지는 제가 하루 종일 서류 뒤져가며 통계 뽑아 둔 겁니다. 그걸 묻지도 않고 갈아버리면 어떡해요! 왜 시키지도 않은 일을 하나요? 시키는 일만 잘하세요!"

'청소가 제대로 돼 있지 않다'고 해서 열심히 한다고 한 일인데 '시키지도 않은 일 쓸데없이 했다'고 핀잔만 듣게 됐다. 그야말로 '해도 욕먹고 안 해도 욕먹는 경우'였다. 물론 잘 확인하지 않고 그렇게 된 것은 실수였으나, 해 놓고 욕을 먹으니 기분이 썩 좋지 못한 듯 보였다. 시키는 일만 하면 '딱 그 일만 한다'고 욕먹는다. 또 시키지 않을 일을 하면 '시키지도 않은 일을 했다'고 또 욕먹는다. 참, 어느 장단에 춤을 춰야 하는 것인지 도통 모르겠단다.

남자들은 참 힘들다. 태어날 때부터 힘들게 살기 위해 태어난 것 같다. '결혼하라'고 해서 결혼을 했고 '돈을 벌어야 한다'고 해서 돈을 번다. '좋은 아빠, 좋은 남편이 되라'고 해서 몸이 부서져라 가리지 않고 일을 했다. 그리고 조금이라도 더 오랫동안 일을 하기 위해 '윗사람들에게 잘 보이라'고 해서 아부도 많이 했다. 쉬는 날 '마트를 가자'고 하면 군소리 없이 따라 나섰고 자식 놈이 '비싼 파카를 사달라'고 해서 카드 할부로 사줬다. 딸년이 '아저씨 바지 입지 말라'고 해서 청바지도 입어봤다. '파마를 하라'고 해서 파마도 해봤다.

생각해보니 남자들은 시키는 일은 어떻게든 다 해냈던 것 같다. 시키는 일만 하는 것도 이렇게 벅찬데도 '잘 했다'라고 칭찬해 주는 사람은 하나도 없다. 시키는 일을 했으니 당연한 것뿐이다. 그런데 술을 마시고 집에 늦게 들어가기라도 하면 마누라한테 욕을 바가지로 얻어먹는다. 그것뿐이더냐, 직장에서 교육을 간다고 하면 '일은 안 하고 놀러간다'며 좋은 소리를 듣지 못한다. 왜 그럴까? 그건 시키지 않은 일이기 때문이다.

시키지도 않았는데 술에 취해 집에 늦게 들어가고 일이 많은데 교육을 간다고 하니 욕먹는 일은 당연한 것이 아니겠는가. 남자들은 그래서 시키는 일만 한단다. 사실 시키는 일만 하기에도 몸뚱이 하나로만 역부족이기 때문이다.

남자들이 시키는 일만 잘하는 게 얼마나 힘든 일인지 알겠는가? 지금 내가 하는 일을 하나씩 더듬어 보자. 아마 90프로 이상은 세상이 시켜서 하는 일일 것이다.

시키는 일만 잘하는 게 가장 힘들다. 🐾

scene.8
안 아파서가 아니다. 두려워서다.

    살면서 병원에 가 봤던 기억이 얼마나 있을까? 물론 지인을 위한 병문안이 아닌 나 자신을 위해 병원에 갔던 기억 말이다. 단순한 감기로 병원에 가는 일 말고 자신의 건강검진을 위해 병원에 갔었던 기억이 있는가?

    나는 오랫동안 남자들과 일을 하면서 그들의 재미있는 모습을 수없이 봐왔다. 그 중 매우 인상적이었던 것은 관대한 것과 인색한 것이 확연히 나타난다는 것이다. 남자들이 가장 관대하게 인심을 베푸는 것은 바로 담배이고, 가장 인색한 것은 병원에 가는 일이라는 것을 알게 됐다.

    "유석아! 담배 있어? 담배 한 대 줘봐!"

담배하나 달라는 남자들의 말에, 담배를 주지 않았던 남자들을 한 번도 본적이 없다.

"어, 여기 있어. 너 그때 담배 끊는다고 안했어?"

"야! 이걸 어떻게 끊니? 힘들 때, 그래도 요거라도 있어야 위로 받는데."

"그래, 맞다. 한 대씩 피우자. 이런 낙이라도 있어야지."

담배 한 대씩 나눠 피우던 중 유석이 가슴통증을 호소하기 시작했다.

"어휴, 얼마 전부터 가슴이 아픈데 왜 그러지?"

"야! 병원에 좀 가봐! 담배를 이리 피우는데 폐암이라도 걸리면 어뜩하냐?"

"뭐? 폐암? 설마 그러겠어? 그냥 스트레스로 잠시 그런 거겠지."

"야! 그러다 큰 일 난다. 그냥 가서 깔끔하게 검사 한 번 받고 오면 되잖아. 한 번 가봐!"

"그럼, 담배를 끊으라고 하겠지. 사실 병원에 갔는데 '곧 죽는다' 는 말 나올까봐 못 가겠어. 솔직히 두려워. 시간이 없다는 것은 핑계고."

"그치, 맞아. 사실 나도 그러거든. 나도 마누라가 마흔이 넘었으니까 병원 가서 건강검진 한 번 받으라고 하는데 솔직히 무섭고 두려워. 분명히 정상은 아닐 거거든."

"그러니까 말이다. 병원에서 의사가 무슨 말을 할 지 몰라서 병원 문턱을 넘기 힘드네. 차라리 모르고 있는 게 나을지도 모른다니까. 병원에 가야해? 말아야해?"

그들은 병원 가는 것을 두렵다고 말하면서 뻐끔뻐끔 담배는 계속 피우고 있었다. 사실 대부분의 사람들은 자기 자신의 건강에 상당히 관대한 면이 있는 것 같다. 잠깐 지나쳐 갈 질병이라 생각하거나 크게 이상 없는 한 별 일 아니리라 생각한다. 남들이 얻는 질병은 모두 자기 자신에게는 오지 않으리라 확신하며 사는 것 같다. 그런데 이런 현상은 여자들보다 남자들, 남자들 중에서도 마흔 이후부터 더 두드러지는 것 같다.

생애 전환기라는 마흔을 지나면서부터 알게 모르게 얻을 수 있는 질병이 더 많아지는 것은 사실이다. 하지만 이후의 남자들은 병원은 그냥 아파서 도저히 못 견딜 때 가야하는 곳으로 여기고 있을 뿐이다. 병원에서 안 좋은 결과를 얻을까봐 지레 겁먹는 모습이다.

"다음 주 수요일하고 목요일에 직장인 건강검진 있어요!"

직원들에게 건강검진 공지사항을 소리 높여 외쳤다.

"다음 주? 금식해야 하나?"

"그거 안 받으면 안 되는 거야?"

"정확하지도 않고 그냥 대충대충 하드만, 안 하면 안 될까?"

남자직원들은 하나같이 건강검진이 귀찮다는 반응이다.

"안 돼요! 전 직원 다 하셔야 해요. 대충대충 해도 기본적인 것은
나오잖아요. 안 그러면 개인적으로 큰 병원 가서 건강검진 받으셔도
됩니다."

"나 그 전날 회식 있는데? 금식을 어떻게 하지?"

"술 먹지 말고 저녁 여덟시 이후로만 안 먹으면 되잖아요."

"그게 그렇게 될까? 나도 모르겠다."

"박반장! 술을 먹으나 안 먹으나, 금식을 하나 안 하나, 어차피 결
과는 비슷하지 않을까? 엉망으로 나오겠지. 그냥 맘 편히 드셔! 하하
하"

그들은 귀찮아서 하기 싫다는 건강검진이었지만 내가 봤을 때는
어떤 결과가 나올지 스스로 뻔히 알고 있어, 그 결과가 두려웠던 것
같았다. 어차피 알고 있는 질병은 괜찮지만 새로운 무엇인가가 나타
날까봐 아예 처음부터 검진조차 받기 싫었던 모양이다.

일주일이 지났다. 건강검진 당일 아침, 일부 직원들이 술에 덜 깬

상태로 건강검진을 위해 병원으로 향하는 모습이었다. 그 모습을 보고 그들을 몰아붙이기 시작했다.

"어제 또 술 마셨어요? 내가 건강검진 있다고 말 했어요? 안 했어요?"

"상미야! 괜찮아. 어차피 먹으나 안 먹으나 결과는 비슷해. 만약에 결과가 나쁘게 나오면 술 먹어서 그랬다고 생각하면 되잖아. 어제는 안 먹으려고 했는데 혹시 결과가 나쁘게 나오면 술을 못 먹으니까 마지막이라고 생각하고 먹었어. 하하하."

"별 합리화는 다 시키지. 그게 말이 돼요?"

"우리는 검진 안 받아도 뻔한데, 그래도 가야 하나?"

이유 없이 술 마신 적이 있었는가? 모든 일에는 동기가 있는 법. 그들은 그들 나름대로 합리적인 이유를 갖다 대고 병원으로 향했다. 사실 병원에서 검진 받는 다는 것 자체가 상당히 긴장되고 걱정된다는 것을 잘 안다. 뭐 하루 이틀도 아니고 십 년 이상 일을 한 그들이 아직까지 별 탈 없이 지내고 있는 것은 그 동안 검진 결과가 괜찮았기 때문이 아니겠는가? 하지만 늘 떨리고 걱정되는 것은 감출 수가 없었던 것 같다. 병원에서 그들의 모습을 보면 아무렇지도 않은 듯 하지만, 기계는 아무렇지 않다고 말해주고 있었다.

"선생님! 혈압 다시 한 번만 측정해 주세요!"

검진센터의 간호사는 같은 말을 몇 번을 반복한다. 한 둘도 아니고 여러 명을 대상으로 검진을 하는데 대부분 사람들의 혈압이 높게 측정됐던 모양이다.

"긴장하지 마시고요, 다시 한 번 측정해 주세요. 5분만 안정을 취한 후 다시 해주세요!"

겉으로는 아무렇지도 않다고 표정을 지어보지만 혈압이 계속 높게 측정되는 것을 보면 상당히 많은 긴장을 하고 있는 듯 했다.

"어휴, 기계 고장 난 거 아닌가요? 자꾸 높게 나오네!"
"이 사람아, 나는 멀쩡히 잘 나오던데. 어제 술 먹었지?"
"아니야, 이거 기계가 이상한 것 같아. 에잇, 그냥 이걸로 해야겠다. 괜히 더 높게 나오는 것 같아."

기계가 고장인지, 사람이 고장인지 모르겠지만 그날 그들의 혈압은 평소보다 더 높게 측정됐던 것은 사실이다. 많은 긴장을 했던 것 같다. 군데군데 모여 검진을 하고 있는 사람들은 사실 모두 검진결과를 궁금해 하고 있었을 것이다. 걱정 반 기대 반으로 아니 사실 '걱정이 구십 프로 이상이었다'고 하는 게 맞을 것 같다.
일주일 후 검진결과가 나왔다. 결과표는 각자 개인들에게 직접 우

편으로 배달됐다. 서로 남이 볼 세라 손으로 가려가며 검사결과지를
세세하게 읽어보고 있었다. 여기저기서 탄식과 환성이 나오기 시작
했다.

"이야! 그 혈압기계가 이상했어. 다른 건 다 멀쩡한데 혈압만 이러
잖아. 이정도면 건강하지 뭐. 하하하. 담배 하나 피워야겠다."

"어디 봐봐! 잘 나왔어? 나는 지방간이 좀 심하네! 2차 검진 나왔
는데? 이거 어떻게 하지?"

"이 사람아! 지방간은 술 먹어서 그래. 그 전날 술 먹었지? 그거 술
만 안 먹으면 금방 좋아져. 2차 검진은 개뿔, 괜찮아! 얼른 나와! 한
대 피게."

"그렇겠지? 술 먹어서 그런 거지? 그래도 대단하지 않아? 그렇게
술 먹어도 죽을병은 안 걸리는 거 보면 말이야."

그들은 옹기종기 모여 또 다시 멋대로 핑계를 대기 시작했다. 스스
로 진단을 내리고 처방을 내리며 어떻게 해서든 '정상'이라며 합리화
시키기 바빴다. 그리고는 결과가 나왔으니 또 한 잔 하자며 저녁약
속을 잡기 바빴다. 그들은 아마도 나쁜 결과가 나오지 않은 것에 대
해 안도의 한숨을 쉬고 있었는지도 모른다. 쉽게 넘지 못하는 병원
문턱의 부담감을 앞으로 일 년 동안은 자유로울 수 있으리라 생각하
는 것 같았다.

"팀장님! 저 내일 병원가야해서 병가 낼게요!"

"응? 너 어디 아파?"

"저요? 저는 늘 아프죠. 아픈 곳도 있고, 또 암 검사도 하려고요."

"이 녀석아! 나만큼 아플까? 나도 사실 병원에 가야하는데."

"왜 안 가세요? 병원 가세요!"

"너가 아직 어려서 잘 몰라서 그래! 나이가 들면 병원에 가는 게 무서워. 두려워. 병원에 갔는데 입원 하라고 할까봐 못 가겠어. 그리고 '더 안 좋아졌다'는 말 나올까봐 못 가겠고. 나는 아마 제대로 된 건강검진 받으면 당장이라도 입원해서 치료 받아야할지도 몰라. 사실 그게 두려워! 처자식이 딸렸는데 돈을 벌어야지. 치료할 여유가 어디 있어? 그러니까 차라리 안 가고 그런 소리 안 듣고 싶은 거지. 내 주위 사람들 몇몇은 건강검진만 받으면 입원하더라니까. 그냥 모르고 사는 게 낫지. 아파서 실려 가기 전에는 그냥 이렇게 맘 편히 재밌게 살래."

남자들은 그랬다. 아버지들은 그랬다. 내 아버지 역시 병원에 자주 가시지는 않았지만 하루라도 아프지 않았던 날이 없었다. 사십대 이후 남자들이 아프지 않아서 병원문턱을 넘지 않은 것이 아니다. 그들은 두려워서 병원문턱을 넘지 못했을지도 모른다. 행여나 없었던 큰 병이라도 얻을까봐 두려워서….

남자들이여, 그래도 세상의 기둥이지 않은가. 한 살이라도 젊었을 때 100살까지 버틸 수 있는 건강을 만들어야 하지 않겠는가?

눈 한 번 찔끔 감고 검사하고 나면 속이 후련해질 것을. 뭐가 두렵
다는 것인지….

scene.9
인생은 길고 퇴직은 빠르다.

우리는 매 순간순간 미래를 준비하기 위해 노력한다. 고등학교 시절 목표는 캠퍼스의 낭만인 대학입학이었다. 대학만 들어가면 세상 다 가진 것처럼 좋으리라 생각했었다. 하지만 현실은 어떤가. 대학에 입학하자마자 주어진 숙제는 취업이었다. 아등바등 공부하고 준비해서 몇 번의 실패 끝에 취업에 성공했지만, 그렇다고 그게 끝난 게 아니었다. 언젠가는 다가올 퇴직을 위한 새로운 미래준비가 필요했기 때문이다.

참, 어떻게 생각해보면 너무 힘든 인생이다. 매일 그리고 매 순간순간을 언젠가 갑자기 닥쳐올 미래를 위해 준비 해야 한다는 사실, 그 자체로 너무 힘든 인생이다. 하지만 어떡하랴? 미루면 늦을게 뻔한데. 백세 시대에 오십까지 일 하고 관둔다면 남은 인생 뭐 해 먹고 살아갈 수 있겠는가.

"어휴, 저 노인네 좀 봐봐! 저렇게 정정하시니, 이제는 백세 시대가 도래 한 것 같아."

TV에서 방영되고 있는 장수프로그램을 시청하던 남형은 TV를 보는 것을 중단하고 갑자기 거울속의 자신을 쳐다보고 있었다.

"갑자기 왜 그러세요? TV 보다말고."

"나도 백세까지 살 수 있을까? 내 나이 지금 오십인데, 백세 기준으로 벌써 반을 살았잖아. 그런데 나는 자신이 없어. 이런 인생을 또 반을 더 살아야 한다는 게."

"왜요? 오래 살면 좋죠. '늙으면 죽어야지'하는 어르신들 말씀이 모두 거짓말이라잖아요. 사람은 살고 싶은 욕망이 아주 강하대요. 걱정 마세요. 충분히 사실 수 있을 거예요."

"사는 게 중요한 게 아니야. 백세까지 어떻게 사냐가 중요하지. 솔직히 골골 거리면서 돈 없이 불쌍하게 사느니 차라리 적당히 살다 가는 게 낫지 않겠어?"

"벌써부터 무슨 그런 걱정을 하세요? 아직 퇴직 10년이나 더 남았는데."

"10년이나가 아니고 10년 밖에야. 사실 10년도 못 채울 수도 있고, 그렇다고 그 10년이 지금보다 더 나으리라는 보장이 어디 있겠나."

"아, 그러긴 하네요. 제대로 된 노후 속에서 50년을 더 사는 게 중요한 거죠. 저도 생각해보니 남의 일이 아니네요."

"인생은 주구장창 너무 긴데, 퇴직은 너무 빨리 오는 것 같아. 오
십 이후부터는 언제 퇴직할지 모르는 거지. 그런데 남은 것은 빚밖
에 없으니. 뭐 해 먹고 살지 걱정이네."

남형의 "인생은 긴데, 퇴직은 빨라"라는 말이 내 가슴에 콱 박혀버
렸다. 사람들은 일반적으로 건강하게 오랫동안 살고 싶은 욕망이 강
하다. 하지만 퇴직 후의 삶의 질에 대해서는 정해진 답이 없이 그냥
막막할 뿐이다. 갑자기 찾아오는 퇴직을 대비해서 준비해 둔 것도,
할 수 있는것도 아무것도 없는 현실이다. 이런 막막한 현실이 가장
의 역할을 하고 있는, 처자식을 먹여 살리고 뒷바라지를 해야 하는
대한민국 남자들의 몫이 돼버렸다. 그러니 얼마나 인생이 힘들다 생
각 하겠는가.

"뭐야? 이건 또 무슨 문자야? 대출 이자가 밀렸다고? 어휴, 정말
이놈의 마누라 돈 관리를 어떻게 했기에 대출이자가 미납이야?"

"착각해서 돈을 좀 덜 입금했겠지요. 확인도 안 해보고 성질부터
내세요?"

올해 오십이 넘은 석준은 대출이자 미납 문자에 화부터 내기 바쁘
다. 그리고는 씩씩거리며 아내에게 전화를 걸었다.

"대출이자가 미납되었다고 문자 왔는데, 이거 어떻게 된 거야? 뭐라고? 돈이 모자라서 카드 현금 서비스를 받아야 한다고? 대체 돈을 어디에 썼기에? 어휴, 알았어. 빨리 통장에 이체 해놔! 대출이자 미납되면 신용등급 안 좋아지니까. 알았어."

석준은 아내와 통화가 끝나가 크게 한 숨을 쉰다. 그리고는 술을 마셔야만 술술 나왔던 신세한탄을 대낮부터 무알콜에 뿜어내기 시작했다.

"내 나이 오십에 겨우 아파트 하나 마련했는데, 융자가 70프로라니 이게 말이 되니? 진짜 대한민국에서 외벌이로 사는 것이 왜 이렇게 힘이 드는 거야? 아니다. 맞벌이로 살아도 정말 살기 힘든 곳이야. 솔직히 노후를 위한 준비는 하나도 못했는데, 퇴직하면 뭐 먹고 살아야 하는 거야? 퇴직하기 전에 아파트 융자 다 갚아야 하는데, 안 그러면 어떻게 사냐고. 언제 그만둬야 할지도 모르는 상황에서, 내가 천년만년 건강하다고 보장도 못하는데 노후를 위한 연금저축 하나 들어놓지 않았으니 이거 어떻게 살까나? 가면 갈수록 퇴직은 빨리 다가오고, 새끼들은 아직도 지 갈길 못 찾았고, 언제까지 뒷바라지 해줘야 하는 건지 답이 안 나오네. 왜 이리 세월은 빨리 흐르는지. 세월이 빨리 가는지, 내가 빨리 늙는 건지. 정말 답답하다. 어떻게 살아야 하는 거야? 퇴직하고 적어도 20년 이상은 살아야 할 텐데 어떻게 뭐 먹고 살아야 하느냐고? 내 어깨에 짊어진 짐이 너무 무겁다."

석준의 말을 듣고 있으니 내 마음도 함께 먹먹해지기 시작했다. 잘 살아보겠다고 늘 아등바등 살았다. 남자로 태어나 하라고 하는 일 다 했다. 처자식을 위해 자존심을 뭉개가며 넘어지면 일어서고를 계속 반복했다. 힘들어도 힘들다 내색 한 번 못하고 살았는데, 이제는 너무 지친 것 같다.

시간이 흐른 뒤 석준과 나는 점심을 먹고 사무실에서 이런 저런 이야기를 나누고 있었다. 그런데 연금저축 가입을 권유하는 은행 직원들이 우르르 들어왔다. 솔직히 반갑지 않은 손님이었지만, 그들도 먹고 살기위해 아등바등 일 하는 우리네 아빠들이 아니겠는가. 그래서 매정하게 내칠 수는 없었다. 그냥 그들의 말을 귓등으로 들을 수밖에 없었다. 그런데 어느 한 남자분이 그렇지 않아도 노후 때문에 힘들어 하는 석준에게 보험을 가입하라며 설득하기 시작했다.

"선생님, 이거 하나 가입하세요. 노후를 위해 준비하세요."
"전 생각 없습니다. 가입 안 해요."
"선생님 그러시지 마시고 비싸지 않으니까 하나만 하세요! 사은품도 드릴게요."
"비싸지 않은 게 얼마인데요?"

"십 만원이요. 하나 하실래요?"

"이보세요. 월급쟁이들이 한 달에 십 만원씩 여윳돈 만들기가 얼마나 어려운지 모르세요? 딱 정해진 월급에 들어갈 곳도 정해져 있는데, 십 만원씩 또 여윳돈 만들기가 어디 쉬운 지 아시냐고요? 전그 비싸지 않은 십 만원이 없어서 현금서비스 받아서 대출 이자 내고 있어요. 당장 십 만원이 없는데, 노후는 무슨 노후?"

인생은 길고 퇴직은 빠르다. 급속도로 빨라지고 있다. 이제는 평생 직장이라는 말도 사라지고, 일생동안 몇 번의 직장을 가질 수도 있게 됐다. 갑자기 들이닥치는 퇴직 때문에 어떻게 해야 할지 갈피를 못 잡는 남자들의 신세한탄은 대체 어디에 해야 하는 것인가. 그냥 한 숨만 쉬며 언제 닥칠지 모를 퇴직을 맞이해야하는 것일까? 그렇다고 성공자들의 성공사례가 실려 있는 책을 사서 그대로 따라 해야 하는 것일까? 참, 어려운 일이다. 답도 없고, 그렇다고 대신 겪어줄 사람도 없는 이 현실을 그냥 받아들일 수밖에 없는 것 같다. 남자라서 더 무거운 짐을 얹고 있어야 하는가보다.

인생은 길고 퇴직은 빠르다. 그리고 나는 늙어간다. 일어설 수 있는 힘도 점점 빠진다. 🎞️

삶이 재미없다 느낄 때

사는 재미가 뭐 특별하겠는가? 그냥 평범하게 사는 것이 사는 재미이거늘, 그마저도 재미 없을 때가 있으니 도대체 남자는 무슨 낙으로 살아야 하나.

좋은 사람을 만나 행복한 결혼생활을 하고, 눈에 넣어도 안 아플 새끼들을 낳아 잘 키우며, 따박따박 월급 주는 직장에서 오랫동안 일을 하며 사는 것이 사는 재미라고 생각했다. 물론 그 생각은 지금도 틀리지 않다고 생각한다. 그런데 내 생각은 틀리지 않았는데, 자꾸 삶이 재미가 없어진다. 나이가 들어서일까? 부부간의 권태기 때문일까? 새끼들이 지 잘났다고 우겨서일까? 퇴직 후의 삶이 불확실해서일까? 이 중 한 가지라도 내 생각과 다르면 쉽게 지치고 재미없어 지는 것이 삶인 것이다. 그래서 사람들은 매일 똑같은 일상 속에서 새로운 것에 대한 동경을 하는지도 모른다.

"나는 결혼만 하면 인생이 확 필줄 알았어. 마누라가 만날 맛있는 밥도 해주고 깨끗이 청소도 해주고, 암튼 내 마누라가 내조의 여왕이 될 줄 알았어."

"그런데, 왜요? 생각과는 달랐어요?"

"다르기만 하냐? 180도 딴판이더라고. 맛있는 밥 얻어먹기는 하늘의 별따기고, 청소도 내가 해야 하는 경우도 있고, 설거지는 내가 더 잘하는 것 같아. 언제부터인가 욕실청소는 내 담당이 돼 버렸어."

"에잇, 잘 생각해봐요. 그게 사는 재미 아닐까요? 결혼 못 한 사람들은 그 모습이 얼마나 부럽겠어요? 안 그래요?"

"그렇긴 하네. 그렇게 생각하니 또 그러네. 아니, 그래도 그 사람들은 또 그들만의 재미가 있을 거야. 아무튼 난 그래. 완전히 재미있는 삶은 아니야. 그것뿐만이 아니거든. 애새끼들은 낳아서 그만큼 키워주니까 지들이 저절로 큰 줄 알아. 얼마나 말대꾸를 하는지 그냥 한 방 날리고 싶어도 하지도 못하겠고. 진짜 미치겠어. 나는 애들이 내가 원하는 대로 커주길 바랐거든. 그런데 이놈들은 내 생각과는 전혀 반대로 행동하잖아. 전생에 청개구리였나 봐. 내가 잘 못 키운 건지."

"그래서 재미가 없어요? 그럼 다른 곳에서 재미를 찾으면 되잖아요."

"솔직히 남자들이 재미를 찾을 곳이 어디 있겠니. 남자들은 엄청 단순한 존재야. 늘 똑같은 일상 속에서 재미를 찾는 곳은 바로 술이거든. 술자리만큼은 재미있는 것 같아. 슬퍼도 술이고, 기뻐도 술이고, 반가워도 술이고, 헤어져도 술이잖아. 그러고 나서는 어떠니? 남자들의 본성이 막 나오는 거지. 괜히 여자들한테 찝쩍대기나 하는 거지. 그게 남자거든. 그런데 그것도 마음대로 못해. 술을 먹든, 여자를 만나든 시간과 돈이 있어야 하거든. 카드 하나 마음대로 못 쓰고, 수중에 돈도 많이 없는데 무슨 돈으로 술을 마음껏 먹고, 무슨 능력으로 여자를 만나겠니? 그치? 그러니 참 재미없는 거야. 돈이 있어서 맘껏 써도 그 다음날 후회도 되고."

"술 못 먹고 여자 못 만나서 재미가 없다고? 말도 안 되는 소리."

"상미야! 솔직히 말하면 늘 똑같은 일상이 재미가 없는 거야. 똑같은 일상도 즐거웠던 기억이 되풀이 되면 좋을 텐데 남자들의 일상은 안 봐도 뻔해. 출근하고 상사한테 깨지고, 하루 종일 같을 일 반복하고, 동료들하고 술 먹고, 술 먹고 집에 들어가면 마누라한테 또 깨지고, 새끼들은 엄마 힘들게 한다고 아빠 무시하고, 또 다시 출근하지. 그러면서 시간이 흘러 나이는 먹는데 해 놓은 것은 아무것도 없고, 퇴직은 빨리 다가오고, 퇴직 후의 계획은 생각해보지도 못한 이 뭣 같은 인생이 재미가 없다는 거야. 사실 삼십대 때는 재미없다는 생각을 전혀 하지 못했어. 그때는 이것저것 바쁜 게 많아서 그랬던 것 같아. 그런데 마흔이 넘으면서 점점 허망하고 재미가 없어지더라. 내 자신이 불쌍하기도 하고 점점 작아지는 내 모습이 초라하기도 하고 그랬어. 네가 뭘 알겠니? 남자들의 세계를. 암튼 뭐 재미난 거 없을까?"

"쳇, 재미난 게 뭐 있나? 그냥 술이나 먹는 게 최고지."

"맞아, 맞아. 그거밖에 없어. 술이나 한 잔 하러 갈까?"

사람이 살다보면 똑같은 일상에서 벗어나고 싶을 때가 있다. 새로운 무엇인가를 동경하고, 해보고 싶고, 도전해 보고 싶다는 생각은 늘 머릿속에 잠재돼 있다. 그래서 힘들고 지칠 때면 사람들은 훌쩍 여행을 떠나 생각을 정리하는 것이 이 때문인지도 모른다. 그만큼 지금 이 삶 속에서 이렇다 할 재미를 찾지 못한다는 것이다. 그런데 유독 남자들에게는 삶의 재미를 찾는 일이 무지 어려운 일인 듯하다. 힘들다고 훌쩍 떠나고 싶다고 해서 떠날 수 있는 입장도 아니고 무엇인가를 해 보고 싶다고 해서 할 수 있는 여건도 되지 않는다. 당장에 새로운 일에 도전해 보고 싶다고 해서 생각만큼 실천할 수 있는 여력도 되지 않는다. 그들은 늘 정해진 일과 노동의 대가만 있기에 쉽게 버리고 떠나거나 도전해보지 못하는 것이다. 시중에 나와 있는 자기계발서에서 말 하는 것처럼 그렇게 쉬운 일이 아니라는 것이다. "다 버리고 도전하라"고 하지만 목구멍이 포도청이라 그리 할 수도 없다. 좌절해도 포기하지 말고 도전하면 이룰 수 있다고 하지만 그러기엔 시간과 돈이 많이 필요하게 된다. 더 늦기 전에 하고 싶은 것을 하며 살아보라고 하지만, 하고 싶은 일을 하면 쪽박 찰지도 모른다는 생각에 선뜻 할 수도 없다. 그냥 책을 통한 대리만족만 느낄 뿐이다.

어릴 적 기억을 떠올려 보면 추억들이 새록새록 생각나서 금세 즐거워진다. 열 살 이전의 기억들을 꺼내서 즐거웠던 그때로 돌아가 보는 것도 좋을 것 같다. 생각만 해도 설렌다. 하지만 이런 즐겁고 설레는 기분을 찾지 못해 삶이 힘들고 재미가 없어서 여기저기서 나쁜 소식이지만, 어쩔 수 없지 않은가. 대한민국의 평범한 남자들은 거의 다 이럴 것인데, 나 혼자만 재미없다고 힘들다고 불평을 늘어놓을 수는 없지 않은가.

모두 힘들고, 모두 지친다. 모두 흔들리지만, 그래도 다시 곧게 일어선다. 삶이 힘들고 지칠 때 삶이 재미없다 느껴질 때 그냥 "인생이거니"하며 잠시 그 자리에서 쉬었다 가는 것은 어떨까? 그리고 다시 일어나서 같은 일상을 다른 방법으로 헤쳐 나가는 것은 어떨까?

노래 한 곡 흥얼거리며 옛 추억을 떠올려 보면 어떨까? 🎞

Episode. Ⅳ

남자,
위로받고
싶을
때

인간은 자신이 행복하려고
스스로 결심하는 만큼만 행복할 수 있다.
— 에이브러햄링컨 —

scene.1
갑과 을, 한 끗 차이

결혼 전, 부부는 거의 서로가 '을'이었다. 서로 양보하고 져주기도 하며 상대방의 말에 귀 기울이고 공감해 줬다. 그래서 부부가 될 수 있었을지도 모른다.

그때의 추억을 생각해보라. 어찌 평온하고 따뜻하지 않을 수 있겠는가. 그런데 결혼 후 부부는 서로 '갑'이 되려고 안간힘을 쓴다. 갑이 돼 상대방을 이기려하고 자기 뜻대로 모든 일을 진행하려고 한다. 그래서 결혼하면 '기선제압'이라는 보이지 않는 자존심 대결이 시작되기도 한다.

"형우야! 오늘 한 잔 해야지?"

"선배님! 저 오늘 일찍 들어가야죠. 이제 막 결혼한 새신랑이 늦게 들어가면 안 되잖아요."

"야! 네가 잘 몰라서 그러는 건데 여자는 처음에 길을 잘 들여 놔야 해!"

"네? 지금이 어떤 시대인데 무슨 말씀을?"

"참, 안타깝다. 이렇게 모르니 평생 잡혀 살 수 밖에 없지. 형우야! 여자한테 네가 처음부터 잡히면 평생 잡혀 사는 거야!"

이제 갓 결혼한 형우를 앉혀놓고 결혼 생활에 대한 교양을 늘어놓는 오십 줄에 들어선 선배의 말이다.

"선배님! 그냥 편하게 살래요. 여자한테 잡혀 산들 어때요? 그냥 마음이 편하면 되는 거 아닌가요? 오늘은 그냥 일찍 들어갈래요. 다음에 소주 한 잔 해요!"

"처음부터 술도 먹고 늦게 들어가고 큰 소리도 뺑뺑 쳐야 너 늙어서도 큰 소리 칠 수 있어. 안 그러면 너는 늙어서도 계속 마누라한테 굽실거려야 한다니까!"

"그래도 선배님! 소주는 다음에 해요. 알았죠?"

"형우야! 너만큼은 큰소리치며 살아야지. 인생 선배가 이야기하는 거니까 잘 새겨들어!"

선배는 결혼 후 남자가 큰 소리 치며 살기 위해 필요한 것이 바로 '마누라 길들이는 것'이라며 형우에게 술을 먹으러 가자고 옆구리를 찔러댔다. 살아온 날을 생각해보니 마누라한테 찍 소리도 못하며 사는 자신이 불쌍해서인지 자꾸 후배 놈을 데려다 놓고 일장연설을 하기 시작했던 것이다.

"결혼이라는 것이 여러 가지 좋은 점을 가져다 줄 수 있으리라 생각했지만 항상 을의 입장에서 제대로 된 결정권을 발휘하지도 못한 인생"이라며 하소연을 했다. 그래서 결혼을 앞두거나 막 결혼한 후배들을 보면 일명 '마누라 길들이기'라는 주제로 어설픈 강의를 하기도 한다. 누가 갑이고 누가 을인지, 갑의 자리를 어떻게 쟁취해야 하는지에 관해서 말이다. 내가 보기엔 별로 생산성 없어 보이는 유치한 내용으로 가득한 이야기들뿐인데 마치 전문가인 듯 열강을 한다.

갑이라는 위치는 누군가를 지배하려고 한다. 을은 갑의 비위를 맞추고, 갑의 말에 수긍해줘야 하는 입장이다. 그래서 누구든 피곤한 을보다는 자신이 힘을 발휘할 수 있는 갑의 위치에 있길 바란다.

갑과 을이라는 위치는 다른 말로 해석해보면 직장에서 상사와 부하직원의 관계라고 할 수 있다. 상사와 부하직원, 모두가 생각하는 그런 관계, 따로 설명하지 않아도 고개가 끄덕이는 그런 관계말이다.

남자들은 하루 종일 직장에서 갑의 위치에 있는 상사 때문에 스트레스를 받기도 하고 상당히 힘들어 한다. 자존심이라는 녀석은 출근할 때 집에 두고 나와야 할 정도로 나 자신을 버려가며 일을 한다. 그렇게 몇 십 년을 밖에서 일 하는 우리네 남편들, 만날 을의 입장에서 허리를 굽실거려야 하는 그들은 당연히 집에서 만큼은 갑이 돼 행동하고 싶을 것이다. 그래서 남자들은 죄 없는 마누라와 새끼들에게 허풍도 떨고, 큰 소리를 쳐 가며 가장이라는 명목아래 갑이 되고 싶은 마음이다.

"나는 우리 마누라가 너무 잘 해줘서 몸 둘 바를 모르겠어."

"어휴, 뭐야? 또 자랑질이네? 내가 부장님 사모님 모르는 것도 아니니까 그만하세요!"

"왜? 너 같으면 자랑 안 하고 싶겠니? 남편을 위해 얼마나 양보하고 희생하고 내조를 잘 하니? 내 마누라지만 정말 대단하다고 생각해. 그리고 너무 고마워."

"아니, 이상하다니까. 내가 생각했을 때, 부장님이 그렇게 잘하는 것 같지 않은데 말이에요. 복이 많은 건지. 암튼 마누라는 잘 됐다니까요. 비결이 뭐예요?"

"상미야! 비결이 어디 있겠니? 그냥 내가 먼저 양보하고 살면 된다. 내가 먼저 잘 해주고, 내가 먼저 양보하니까 마누라도 역시 나한테 양보하고 잘 해주더라고. 우린 서로 이기려고 아락바락 대들지 않아. 서로 존경해주는 거지. 물론 처음부터 우리 부부가 이랬던 것은 아니야. 처음엔 엄청 싸웠다. 서로 자기 말이 맞는다고 우겨대서 답이 안 나왔지. 그런데 시간이 흐르면서 내가 먼저 바꿔어야겠다고 생각했어. 만날 싸우느니 차라리 내가 지며 살자고 말이야. 그래야 가정이 평안하잖아. 그래서 내가 먼저 참고 양보를 하기 시작하니까

234

마누라 역시 날 존경해주고 또 먼저 참아주고 양보를 하더라고. 그래서 그때 알았어. 갑과 을의 관계는 그냥 한 끗 차이구나. 한 템포만 쉬고 말하고 행동하면 해결되는 것을 먼저 숨을 한 번 더 쉬어 보겠다고 아락바락 대들었는지 후회가 되는 거야. 결론은 내가 먼저 참고 양보하면 아내 역시 함께 바뀐다는 거야. 우린 서로가 그냥 을이야. 갑이니 뭐니 그런 거 없어. 그냥 을이야."

"우와! 그렇군요. 다 맞는 말씀이에요. 그러면 직장에서도 그런 생각을 가지고 일을 하시면 되겠네요. 그러면 상사들도 스스로 양보하고 이기려 하지 않겠는데요?"

"야! 직장에서는 다르지. 그 사람들도 집에서 을인 사람들인데, 직장에서 뭣 하러 을의 역할을 자처하니? 직장에서라도 갑이 되고 싶어 하지. 그게 그 사람들 사는 낙인데. 그런 사람들은 집에서는 죽어도 갑이 못 되거든."

가정에서든 직장에서든 서로가 자기주장을 내세우기만 하고 가르치려고만 한다. 솔직히 다른 사람의 말을 수긍하고 존중하며 무조건 "네, 네" 할 수 있는 사람은 드물다. 하지만 자기 성질대로만 하면 인간관계가 평탄할 수 있을까? 그래서 갑도 있으면 을도 있는 법일 것이다. 다만 갑의 입장에서 어떠한 유형으로 갑이 되는 것인지, 을의 입장에서 어떻게 갑을 이길 수 있는 을이 되는 것인지가 중요한 것 같다.

갑과 을, 전혀 상반된 의미인 것처럼 보이지만 자세히 들여다보고 그 입장이 된다면 한 끗 차이라는 것을 알 수 있을 것이다. 가정에서든 직장에서든 어느 인간관계에서든 이 차이를 알고 있다면 갑과 을의 의미는 크게 다가오지 않을 것이다.

을의 입장에서 아내의 비위를 맞추고 양보하는 자세를 보여줘라. 분명 아내 또한 갑에서 을로 변신해 남편을 위해 양보하고 희생할 것이다. 그래야 서로를 믿고 사는 부부 아니겠는가. 서로의 입장에서 생각하고 이해하는 그런 부부. 그런 부부에게는 갑과 을은 한 끗 차이일 뿐이다. 이제 '마누라 길들이기' 같은 유치한 연설은 그만 접어야 하지 않을까? ✾

scene.2

오십, 구멍 난 가슴에 바람이 스민다.

오십이라는 나이가 되면 어떤 기분일까? 난 이제 삼십대라 그런
지 마흔이라는 나이는 조금 실감이 나지만 오십이라는 나이는 정말
맞이하고 싶지 않은 순간일 듯싶다. 하지만 사람은 언젠가는 세월이
흐르면 마흔도 오십도 육십도 맞이해야 한다. 그렇다고 아직 닥쳐오
지 않은 오십을 대비해 어떻게 할 수 있는 방법이 있는 것도 아니다.
그냥 나이 먹음에 대해 서럽지만 않는다면 더할 나위 없이 좋을 것
같다.

사춘기라는 시기가 있다. 보통 10대 중반이 되면 사춘기라고 배웠
고, 또 그렇게 알고 있다. 여성 · 남성호르몬이 급격히 증가하는 시
기로 그에 따른 감정의 변화도 크고 신체의 변화도 있기 때문에 사
춘기라고 할지도 모른다. 이 시기를 어떻게 지내느냐에 따라 앞으로
펼쳐질 인생에 플러스가 되는지 마이너스가 되는지 결정이 난다고

해도 과언이 아니다. 그만큼 이 시기는 본인에게도 그리고 가족이나 주위사람들에게도 민감하고 힘든 시기다. 그런데 10대의 사춘기만 지나가면 더 이상 이런 민감하고 힘든 시기가 오지 않을까? 사실 나는 인생에 있어서 오십이라는 나이가 인생의 두 번째 사춘기라고 말하고 싶다. 그만큼 오십대의 이 시기는 민감하고 힘들고 앞으로 남은 인생이 어떻게 펼쳐질 수 있는지 결정될 수 있는 중요한 과도기인 것 같다.

"그동안 어떻게 살아왔는지 모르겠네. 세월 참 빨라. 세월이 그냥 눈 깜짝한 사이에 이렇게 흐른 것 같아. 내가 벌써 오십이니 인생의 반 이상을 살았다는 거야. 그동안 내가 뭘 해놨는지 모르겠네. 남은 게 하나도 없어. 그냥 빚만 있어."

"주임님! 다들 그래요. 다들 그렇게 빚만 있고 모아 둔건 하나도 없어요. 너무 심난해 하지 마세요."

"네가 아직 어려서 아직 몰라. 그냥 나이가 오십이 된다는 것만으로도 사실 슬프거든. 그런데 이십년이 넘게 이 직장에 몸 받쳐 일하면서도 여태껏 뭐 했는지 여윳돈 하나 모아둔 게 없으니 한심할 뿐이야. 이제 점점 퇴직도 다가오고, 그렇게 혈기 넘쳤던 청춘도 훌쩍 지나가고, 아직 마음은 청춘인데 말이야. 그동안 살아오면서 힘들고 상처 입었을 때, 이 가슴속에 그 상처들이 아직도 아물지 않고 그냥 그대로 뻥 뚫려 있는 것 같아. 아주 허전해. 그런 느낌이야."

"반대로 생각해 보세요. 이젠 새끼들 챙길 일도 없고 충분히 즐기면서 사실 수 있어요."

"그런데 젊었을 때 해보지 않아서 그런지 새로운 무엇인가를 한다는 게 쉽지가 않아. 예전엔 찬바람이 불면 무릎이 시렸는데 이젠 이 구멍 난 가슴이 시려."

구멍 난 가슴이 시리다. 살아오면서 받은 상처들이 아직 아물지 않아 커다란 구멍이 뻥 뚫렸는데, 그 구멍 난 가슴이 시리단다. 나이가 들면서 청춘도 지나가고, 건강도 예전 같지 않고, 가족들도 내 편이 아닌 것 같아 더 속상하단다. 그래서 상처로 구멍 난 가슴이 메워지지 않고 더 시리고 아프다고 한다.

젊었을 때는 혈기가 넘쳐 어떤 일도 잘 했고 열심히 했다. 그때는 일하고 돈 벌어 처자식을 먹여 살릴 생각에 '슬프고 힘들다'는 생각을 하지 못했다. 항상 바쁘고 재미있는 삶은 살면 우울하고 슬퍼할 여유가 없기 마련이다. 그런데 항상 부모 손이 필요했던 아이들이 커가고 나이가 들수록 남성호르몬이 많아져 씩씩해진 아내와 성큼성큼 다가오는 퇴직을 생각하면 다리에 힘이 빠지고 어깨가 축 처진단다. 마치 내가 어느 곳에서도 필요하지 않은 사람이 되어 버린 것 같은 그런 느낌. 그런 것 같다. 직장에서는 또 어떤가?

구시대적 사람이라고 나이 먹었다고 끼워주지도 않는다. 컴퓨터를 잘하지 못한다고 주눅이 들어있어야 하고 마구 바뀌는 시스템 덕에 뭐 하나 아는 척도 하지 못한다. 위로 받을 곳은 소주 한 잔이 전부이고 유일하게 할 수 있는 운동은 술에 취해 하는 내기 당구일 뿐이다. 그러니 당연히 슬프고 우울하고 힘들고 재미가 없단다. 누구 하나 이 마음을 알아주는 사람이 있기는 한지. 그냥 시린 무릎보다 더 시린 구멍 난 가슴만 느끼고 있을 뿐이다.

"이야! 이것 좀 봐봐. 됐다 됐어."

"뭔데요? 로또 4등 됐어."

"아, 그러네요. 전 깜짝 놀랐어요. 표정 보면 1등 된 줄 알겠는데요?"

"4등 되는 것도 얼마나 힘든데. 사실 5등 맞추는 것도 쉬운 게 아니야."

"또 이렇게 웃으시니 보기가 좋네요. 결국엔 그 시린 가슴을 로또 1등도 아니고 4등이 따뜻하게 해줬네요."

"상미야! 이런 재미라도 있어야지. 이 순간은 또 괜찮아져. 근데 또 시간이 지나면 또 다시 재미가 없어지고 그래. 우울해져. 갱년기 우울증인가 봐."

"우울증? 남자도 갱년기 우울증이 있어요? 사실 들어보기는 했지만 여자들에게 많이 나타나는 거 아닌가요? 별걸 다 하시네."

"여자 남자 할 것 없이 우울증은 생길 수 있지. 남자들은 늘 강해야 한다는 의식 때문인지 우울증이나 뭐 그런 거 있다는 말을 어디

가서 할 수도 없어. 그래서 더 힘든 거야. 오십 넘은 여자들은 힘들면 훌쩍 친구들하고 여행 갔다 온다고 나가서 며칠 동안 자유를 만끽하지. 집안 일만 하는 파출부 아니라고 일주일동안 주부파업 한다고하지. 그런데 남자들은 그렇게 할 수 없잖아. 힘들다고 회사 결근하고 여행갈 수도 없고, 직장일 힘들다고 일주일 동안 직장 파업 할 수도 없잖아. 힘들고 지쳐도 그냥 죽으나 사나 일을 해야 해. 지금 이나이에 장난으로 파업한다고 하면 파업이 아니라 진짜 퇴직 당한다니까."

그의 말을 들어보니 틀린 말이 하나도 없었다. 나도 가끔씩 TV드라마 같은 곳에서 오십 넘은 엄마들이 힘들다고 당분간 파업을 선언하고 여행을 떠났던 모습을 본 적이 있다. 물론 실제로 아이들이 성인이 된 후 더 활기 넘치고 자유로워지는 엄마들이 점점 증가하고 있는 것은 사실이다. 여자들은 젊었을 때 했던 가사일과 육아의 보상이라도 받기 위해 나이가 들어서는 하고 싶은 일을 하며 더 즐거운삶을 영위하려고 한다. 하지만 반대로 남자들은 그런 아내와 자식들로부터 소외를 당하고 선택의 여지없이 일만 해야 하는 상황이 돼 버렸다. 그에 따른 보상은 받지 못한 채. 평범한 일상에서 기쁨과 즐거움을 누리지 못한 그들은 로또 4등에 기쁨을 찾고 웃게 됐다. 남자, 정말 위로 받고 싶지 않겠는가?

"어? 주임님 택배 왔어요. 이거 뭐예요? 빨리 열어봐요."

"어? 왔네?"

"뭔데요? 표정 보니 뭐 좋은 건가 봐요."

"어, 이거. 옷이야."

"무슨 옷이요?"

"짠! 오토바이 탈 때 입으려고 샀어. 멋지지. 반짝반짝하지? 내가 나한테 선물하는 거야. 오토바이 한 대 샀거든. 얼마 전에."

"웬 오토바이? 그게 한 두 푼인가요? 큰 거 말 하는 거죠? 택트 말고."

"야 인마. 가오가 있지 무슨 택트야. 내가 젊었을 때 오토바이 좀 탔었지. 그땐 그것 말고 할 일들이 많고 시간도 여유가 없어서 팔았는데, 이제 나이가 드니 갑자기 생각이 나더라고."

"오토바이 타시게요? 진짜? 이거 입고?"

"그래. 이젠 오토바이 타고 주말이나 쉴 때 여기저기 다닐 거야. 동호회도 가입하고. 쉬는 날 집에서 벽만 보고 있으면 뭐하니? 다 나가고 아무도 없는데. 이제 나를 위해 시간을 보내야지."

"없다 없다 해도 다 돈이 있다니까. 이런 큰 오토바이를 사는 것 보면. 암튼 잘 하셨어요."

"야! 중고다 중고. 이거 샀다고 마누라한테 얼마나 잔소리를 들었는지. 그래서 또 한판 했어! 내 마음대로 뭘 하지 못하게 한다니까. 쉬는 날 나랑 놀아주지도 않을 거면서. 오토바이 못 타게 하면 우울

증으로 자살할지도 모른다고 이야기 했어. 그랬더니만 아무 말도 안
하더라고.”

“진짜요? 못 말려. 암튼 이거 입으면, 삼십대로 보겠는데요? 꼭 모
자는 벗지 마세요. 머리 빠진 거 티 나잖아. 안 어울려요.”

“알았어.”

그는 새로운 무엇인가를 하겠다고 마음먹었다는 이유 하나만으로
엄청 신나 보였다. 나이 오십에 무슨 주책이냐 할 수 있겠지만 그는
이미 청춘 시절의 그 때로 돌아간 듯 했다. 뭐가 그리 좋은지 옷을
입어봤다 벗었다를 반복하며 거울 앞에서 이리보고 저리보고다. 사
실 현재 모습에서 벗어나지 못할 수도 있었다. 그게 당연한 일이라
며 새로운 것에 도전해보지 못했을지도 모른다. 그런데 그는 인생의
사춘기를 벗어나기 위해, 갱년기 우울증을 날려 보내기 위해 특별한
비책을 생각해내게 됐다. 내가 보기엔 정말 탁월한 결정을 내린 듯
했다.

갑자기 그의 아내로부터 문자 메시지가 도착했다.

“여보, 나 백(가방) 하나 살게요. 이백만원이야. 카드 결제 문자 갈
거니 놀라지 마세요. 나 이거 안사면 우울증에 죽을지도 몰라요.”

메시지를 본 그는 더 이상 말을 이을 수가 없었다. 뛰는 놈 위에 나

는 놈 있다고 아내를 절대 이길 수 없는 그였다. 그리고 웃으며 이렇게 말한다.

"구멍 난 가슴이 아니라 등골 빠진 허리에 바람이 스민다."

인생! 그리 길지 않다. 꽉 찬 욕심으로 앞만 보고 달리다 한치 앞도 보지 못한 청춘은 이미 지났다. 이젠 가만히 있어도 저 멀리 큰 산까지 다 훤히 볼 수 있는 중년이지 않은가. 그리 길지 않은 인생, 속이 헛헛하다고 구멍 난 가슴이 시리다고 힘들어 하지 마라.

내일이면 구멍 난 가슴을 메워 줄 따뜻한 태양이 뜰 것이니. 🐾

scene.3
누구에게나 실직은 있다.

　내가 어렸을 때 아빠는 당연히 일을 하는 사람이라고 생각했다. 실직이나 퇴직 이런 것은 생각해보지도 않았고 당연히 아빠는 계속해서 일을 해야 한다고 생각했다. 어느 정도 연세가 되면 당연히 맞이하게 될 퇴직을 생각해보지도 않은 채, 그렇게 우리 가족은 아버지의 퇴직을 맞이하게 됐다. 한 번은 내가 초등학생일 때, 또 한 번은 내가 대학교 3학년일 때 아버지는 실직자가 됐다. 정년이 다 돼 퇴직한 게 아니라 직장을 잃은 실직자 말이다. 그 때 우리가족은 많은 혼란 속에 힘들었다.

　대학 때는 오빠들도 그렇고 나 역시 아르바이트를 하기 바빴다. 사실 언젠가는 맞게 될 실직이었지만, 눈앞에 닥치게 되니 부모님은 당장에 먹고 살 걱정에 힘들어 하셨다. 물론 우리 남매도 마찬가지였다. 우리 가족을 힘들게 했던 아버지의 실직, 그것은 어느 누구

에게나 닥쳐올 미래였다. 단지 시기의 차이와 미리 준비를 했는지의
차이일 뿐.

예기치 않은 실직이 한 가정에 미치는 영향은 상당하다. 때로는 이
혼을 낳기도 하고 자살이라는 극단적인 결과를 낳기도 한다. 가족의
분열이 되기도 하고 한 사람의 인생을 송두리째 바꾸기도 한다. 그
만큼 실직이라는 것은 사람을 쓸모없는 존재로 만들어 버린다. 더
재밌는 사실은 여자의 실직은 큰 영향을 미치지 않지만, 남자의 실
직은 세상을 등지게 만들기도 한다는 것이다.

얼마 전 한 방송국에서 방영된 드라마에서 어느 실직 아버지의 이
야기를 다룬 적이 있다. 두 딸의 아빠로, 한 사업체의 사장이었지만
갑작스러운 사업실패로 모든 걸 잃게 됐다. 갑자기 닥쳐온 실직은
온 집안을 풍비박산냈다. 80평짜리 아파트도 많고 많던 아내의 명품
백도 잘 나가던 외제차도 모두 빨간 스티커로 뒤범벅 돼 버렸다. 남
편의 재력 하나만 믿고 결혼했던 아내는 그 상황을 받아들일 수 없었
다. 80평짜리 아파트에서 10평도 채 되지 않은 월세 지하방으로, 잘
나가던 외제차 대신 화물차로, 많고 많던 명품 백 대신 시장바구니
로 바꿀 수밖에 없었던 상황을 그의 아내는 인정할 수 없었다. 바퀴
벌레가 돌아다니는 지하 방에서 그녀는 아무것도 하지 않고 멍하니
허공만 쳐다볼 뿐이었다. 그녀가 할 수 있는 것이라고는 그거 외에
아무것도 없었다. 종종 남편과 부딪혀 싸우는 것은 다반사였고, 자

식들마저 친정에 보낸 후 제대로 된 엄마 역할까지 포기해 버렸다. 그런 아내와 자식들을 위해 택배 일을 하기 시작한 남편은 하루 24시간이 부족하게 뛰어 다녔다. 생전 해보지 않은 일이었지만 아빠였기에 남편이기에 이일 저일 가릴 수 있는 형편이 아니었다. 그런 남편에게 힘이 되어줘도 모자를 판에 그의 아내는 늘 한 순간에 거지 팔자를 만들어버린 남편을 원망하고 증오했다.

모든 실직가정이 이러지는 않다. 한 순간에 직업을 잃지만 다시 일어서기 위해 힘을 내고 온 가족이 서로 도와주기도 한다. 하지만 실직했다는 이유로 자살을 시도하고 가족을 살해하는 비정한 남편들의 뉴스기사를 보면 드라마의 사례가 어쩌면 당연한 이야기일지도 모를 일이다. 준비되지 않은 남자들의 실직은 분명 남자에게도 또 그의 가족에게도 힘들고 버텨내야하는 일생의 큰 시련인 것은 틀림이 없는 것 같다.

"내 친구가 중소기업에 다니는데 회사를 그만 뒀대."

"진짜요? 아직 젊은데, 벌써요? 지금 돈이 제일 많이 들어갈 때잖아요."

"그렇지. 지금 큰 아들은 군대에 가있는데 제대하면 복학해야하지. 둘째는 올해 대학 입학 했거든. 돈 들어갈 일이 말도 못하지. 그래서 어제 통화했는데, 애가 말이 아니더라고. 계속 한 숨만 쉬는 거야. 어떻게 해서든 버텨보려고 노력했는데 그게 잘 안 됐나봐. 요즘 경제가 어려우니 나가라고 눈치를 주는 것 같아. 퇴직금 얼마 되지도 않고, 그 퇴직금은 신용대출 받은 거 갚아야 해."

"진짜 큰일이다. 그럼 어쩐대요?"

"친구놈이 나를 보고 얼마나 부러워하는지, 사실 그 놈이 공부를 잘 해서 직장도 잘 들어갔고, 또 연봉도 좋았어. 그런데 갑자기 이렇게 되니 공무원인 내가 그렇게 부럽다는 거야. 사실 우리야 육십 되면 퇴직이구나 하고 사는데, 그 녀석은 나이 오십에 실직자가 돼 버렸으니 어떡하냐는 거야."

"그래도 뭐 혹시 준비한 게 있지 않을까요? 대책 없이 퇴직을 맞지는 않았겠죠?"

"너도 알다시피 나이 오십까지 직장에 다니면, 그 일만 할 줄 알지 다른 건 해 볼 생각도 못해. 뭐 배우려고 생각도 못하고, 지금 있는 직장에서 오래 버티려고 노력만 한단 말이야. 그러니 당장 뭐 할게 있겠어? 솔직히 장사 아니면 없지."

"그러네요. 가족들도 정말 속상하겠어요. 갑자기 실직가족이 됐으니."

"그런데 아직 가족들한테는 말을 못했대. 드라마에서 보면 실직당했다고 말도 못하고 아침마다 출근해서 공원 떠돌고 노가다하고 그렇잖아. 똑같대. 그래서 그 놈도 아침에 출근한다고 나가서 어디 일자리 있나 확인해보고 다니나봐. 일자리 하나 잡아놓고 말 한다고 하네. 이 일을 어떻게 하면 좋니? 남의 일이 아니야. 솔직히 나도 육십 되면 퇴직이다 생각하지만 그 이후에 뭘 해야 하는지 걱정이다.”

“그리고 보면 남자들은 정말 어깨가 무거워요. 그렇죠? 솔직히 실직 당한 게 뭐 죄진 것도 아닌데 죄인마냥 아침마다 일 한다고 나가고 또 그 사실을 감춰야 하고. 사실 실직은 누구에게나 오는 것이잖아요. 그냥 남들보다 좀 빠른 것뿐인데요. 집에서 엄마들이 실직 당하면 그 사실을 감추지는 않거든요. 속상하지만 어쩔 수 없이 그냥 집에서 살림하거나 아르바이트 일거리를 찾잖아요. 적어도 남자들처럼 죄인 취급은 안 받아요.”

사회 인식이 왜 이렇게 됐는지 모르겠다. 실직한 아내는 괜찮으나, 실직한 남편은 죄인 취급을 받는다. 누구에게나 있게 되는 실직이 마치 남자들이 능력이 없어 당하게 되는 것이라고 여기게 됐다. 그리고 그런 분위기 속에서 스스로 죄인이라고 생각하는 남자들이다. 그렇다면 언제 다가올지 모르는 실직을 그냥 멍하니 기다려야만 하는 것일까? 아직 다가오지 않았지만 미리 그것을 대비할 수 없을까?

“뭐하세요?”

“응? 공부하지. 어휴, 나이가 드니 공부도 힘이 든다. 머리가 돌 인가봐.”

“에잇, 당연히 공부 자체가 힘들고 어렵지요. 사는 것도 힘든데 그래도 공부까지 하시니 대단하신 것 같아요."

"아니야, 이거라도 해야 나중에 퇴직하면 다른 일을 하지."

"아, 승진공부가 아니라 다른 공부네요. 이제 보니. 뭐 공부하시는 건데요?"

"응? 공인중개사. 나중에 부동산이라도 해야지."

"그래도 퇴직 후를 대비하시는 것이 대단하세요. 솔직히 육십까지 일 하다 퇴직하면 그만이라고 생각하지만 사람일은 모르는 거라 퇴직이 더 당겨질 수도 있잖아요. 특히 공무원들은 퇴직 후의 제 2의 직업을 생각하지도 않고 준비를 잘 안 하잖아요. 그런데 이렇게 공부도 하시고. 다시 보여요."

"사람 일을 어떻게 장담하겠어? 그리고 육십까지 정년을 한다고 해도 요즘 육십이 노인들도 아니고 어차피 일은 해야 하거든. 나이 들어서 노가다를 할 수도 없고 그렇다고 만날 놀면서 살 수 있는 여력도 안 되잖아. 그러니까 지금부터라도 준비를 해야지. 새로운 직업을 가질 수 있는 준비를 지금부터 하는 게 맞아. 내가 생각하기에 퇴직 후의 인생을 준비하는 것은 적어도 퇴직 십년 전부터 하는 게 맞아. 아니 더 일찍 시작해도 좋을 것 같아."

"네, 맞는 것 같아요. 퇴직은 어느 누구에나 올 수 있는 거잖아요. 미리미리 준비해서 죄인 취급도 안 받고, 극단적인 생각도 안 하는 게 좋을 것 같아요."

직장에 취직을 하게 되면 당연히 언젠가는 실직을 하기 마련이다. 물론 실직이라는 것이 어느 누구에게만 있는 것이 아니지만 어느 누구는 실직으로 인해 인생을 등지는 사람도 있고, 어느 누구는 미리 준비한 덕에 실직 후 새 인생을 사는 사람도 있다. 사실 유독 여자보다 남자에게 실직이 큰 죄가 되는 것은 사실이다. 그래서 누구나 당할 수 있는 일임에도 남자들은 예기치 않은 실직 후 죄인이 된 기분으로 가족 몰래 한참동안 떠돌이 생활을 하기도 한다. 출근한다고 나가서 여기저기 기웃거리고 행여 아는 사람이라도 마주칠까봐 제대로 고개를 들고 다니지 못한다. 보이지 않은 앞일을 어떻게 해결해야하는지, 아무것도 할 줄 모르는 이 나이에 무슨 일을 해야 할지 고민이 이만저만이 아닌 것이다. 참, 힘들다. 한 평생 바친 직장에서 퇴출당하는 것도 힘들고, 그 고민을 털어놓을 수 없어서 힘들다.

누구에게나 찾아올 수 있는 것이 아닌가? 누구나 겪을 수 있는 일이 아닌가? 그렇다면, 지금부터 준비를 해야 하지 않을까? 내 맘 알아주지 않는다고, 날 죄인 취급한다고 한 숨만 쉬고 있지 말고, 언제 올지 모를 실직 때문에 불안해하지 말고, 하루아침에 실직자가 돼 공원에서 고개만 푹 숙인 남자가 되지 말고 지금부터 준비해야 하지 않을까?

누구에게나 실직은 있기에, 누구나 당할 수 있는 일이기에…. 🐾

scene.4
너도나도 창업열풍, 줄어가는 퇴직금

막상 퇴직을 하면 막연하게 좀 쉬고 싶다는 생각을 한다. 맞다. 처음에는 그동안 몇 십 년을 몸 바친 회사일은 잊고 그냥 여행이나 다니며 쉬고 싶다고 한다. 그러나 쉬는 기간이 며칠이 되고 또 몇 주가 되면 당장 걱정되는 것이 생계다. 연금을 받는다 하더라도 한정된 연금으로 살아가기에는 이 세상이 너무 벅차다. 막말로 밥만 먹고 살수는 없지 않은가?

그렇다면 퇴직 후에 생계를 위해 할 수 있는 일이 뭐가 있을까? 퇴직 이후 그것도 실직 이후의 남자들은 대부분이 사십대 후반에서 오십대다. 앞서 말했듯이 퇴직 이후를 위해 미리 준비를 하지 않은 이상 할 수 있는 것은 장사밖에 없는 듯하다. 대표적인 것이 바로 프랜차이즈 식당이다. 그래서인지 곳곳에는 프랜차이즈 식당이 우후죽순 늘고 있는 추세다.

올해 53세인 그는 거의 삼십년을 몸담았던 회사를 그만뒀다. 물론 자진퇴직이었지만 그도 버틸 수 있는 한 버티고 싶었다. 그래도 다른 사람들에 비해 좀 오래 근무할 수 있었다. 그는 회사를 퇴직 후 프랜차이즈 음식점을 열었다. 사실 특별히 준비해 둔 것도 없어서 새로운 일을 하기에는 무리였지만 창업설명회에서 얻은 정보로 프랜차이즈 음식점을 열기로 결정했다. 얼마 되지 않은 퇴직금 중 일부는 대출을 갚고 남은 돈에 또 다시 2억을 대출받아 자신의 마지막 직업이 되리라 생각하며 이곳에 남은 돈을 모두 투자했다. 처음에는 무척 매출이 좋았다. 하루하루 매출이 늘어가서 성공한 케이스라며, 회사 그만두기 잘 했다며 만족해했다. 그런데 3개월이 지나고서부터 서서히 줄어드는 매출이 눈에 보이더니 급기야는 적자로 돌아섰다. 대출금 이자는 꼬박꼬박 내라는 통지가 날라 오고 아직 학교에 다니는 둘째 녀석의 등록금도 내야했다. 그뿐 아니라 가게 임대료에 재료값에 인건비에 이것저것 주고 나면 남기는커녕 빚만 더 내지 않으면 다행일 정도였다. 그가 가지고 있던 모든 돈을 투자해서 열게 된 음식점은 수익은커녕 빚만 남겨주게 됐다. 큰 골칫거리만 남겨준 것이다. 퇴직 후 새로운 일을 위해, 생계를 위해 시작한 자영업으로 인해 큰 빚만 남고 자신감마저 잃게 됐다.

이 이야기는 대한민국 아버지들의 현 주소를 말해주고 있다. 처음부터 자영업을 하는 사람들보다 퇴직 후 생계를 위해 시작한 자영업은 적자로 돌아서는 것은 시간문제였다. 처음부터 많은 액수의 빚을 떠안고 시작했고, 늦은 나이에 몇 십 년을 했던 일과는 전혀 반대인 일을 하려니 더 힘든 것도 사실이다. 그래서 몇 억을 투자했지만 이익은커녕 손해라도 날까봐 안절부절 못 하는 사람이 많아지기 시작했다. 우리네 남편, 우리네 아버지의 모습이다.

이쯤에서 우리 아버지 이야기를 해야겠다. 글씨체만 보면 정말 고등교육을 다 마친 분이라 해도 믿을 정도로 아버지는 글도 잘 쓰셨고, 아시는 것도 많았다. 외모도 반듯하셨고 술만 드시지 않으면 선비나 다름없었다. 그런 아버지가 조금은 이른 시기에 퇴직을 하시게 됐다. 물론 썩 좋은 직장은 아니었지만 우리 삼남매의 밥줄이었고, 이렇게 성장할 수 있게 해준 원동력이었다. 퇴직 후, 그 사실을 비밀로 하고 한 달간은 예전처럼 출근을 하셨다. 나가서 어디서 무엇을 했는지는 모르지만, 그 고통은 이루 말 할 수 없이 컸으리라 생각한다. 그런 아버지가 우리 가족에게 퇴직 사실을 알리고 시작했던 일이 바로 장사이다. 모든 퇴직자들이 쉽게 할 수 있고, 또 접할 수 있는 일이기에 아버지 역시 자신이 있으셨던 모양이었다. 얼마 되지 않은 퇴직금은 전부 엄마 손으로 가게 됐지만 장사를 해보겠다며 엄마에게 자본금을 달라 하시는 것도 쉬운일이 아니셨다.

엄마가 장사는 절대 안 된다고 쪽박 차기 딱 좋은 거라며 반대하셨지만 아버지의 고집을 꺾을 수 없었다. 그렇게 시작된 아버지의 장사는 중고 화물차 한 대와 자본금 이백만 원 정도로 시작됐다. 아버지가 선택한 장사는 멋진 프랜차이즈 음식점이 아닌 바로 노점 옷 장사였다. 도로가에 즐비하게 옷을 걸어두고 저렴한 가격으로 판매를 하는 방식이었는데, 매주에 한 번씩 옷을 떼러 서울로 왔다 갔다를 반복하셨다. 내가 봐도 솔직히 정말 안 팔릴 것 같은 옷이었지만, 아버지는 옷이 싸고 좋다며 장사가 잘되리라 믿으셨다. 하지만 아버지의 믿음은 점점 불확실한 미래가 돼버렸고, 몇 개월 지나지 않아 장사를 그만 두셨다. 물론 아버지가 팔기 위해 떼 놓은 옷들은 전부 우리 가족 차지가 돼버렸다. 엄마도 오빠들도 아버지도 나도 재고 옷을 처분하기 위해 하나씩 입었고 또 아는 사람들에게 선심 쓰듯 선물로 주곤 했다.

아버지의 첫 사업은 결국 재고를 떠안으면서 실패로 돌아가게 됐다. 그렇지 않아도 실직 후 힘드셨던 아버지였는데 부푼 기대를 안고 시작한 장사마저 실패하고 나니 너무 힘들어하셨다. 그렇지 않아도 작은 키가 더 작아진 듯 했다. 이렇듯 실직이나 퇴직 후 쉽게 접하고 할 수 있는 일이 자영업이라 여기는 사람들이 늘어나기 시작했고, 사업을 시작한 이후 그들이 어떻게 됐는지는 알 수 없는 노릇이다. 하지만 각종 언론을 통해 퇴직 후 시작한 장사 일을 실패했다는 사람들의 이야기를 많이 접할 수 있게 됐다. 그만큼 너도나도 창업 열풍이 일고 있었지만, 여기저기 실패하고 퇴직금을 잃게 된 사람들이 많다는 것을 알 수 있었다. 우리 아버지처럼….

회사일로 힘들거나 지칠 때, 사람들은 이렇게 말한다.

"드럽고 치사해서 관두고 장사나 해야겠다."

하지만 정말로 장사를 시작한 사람들은 이렇게 말한다.

"장사가 쉬운 일이 아니야. 따박 따박 받는 월급이 최고야. 장사해
서 본전도 못 찾았어."

경험자들의 이런 말은 그냥 해본 말이 아니었다. 정말로 여기저기
실패했다는 소문만 들릴 뿐, 퇴직금만 왕창 말아먹었다는 이야기만
들릴 뿐, 대박 나서 성공했다는 소문은 들리지 않았기 때문이다.

그렇다면 창업도 재취업도 힘든데 뭘 해서 돈을 벌어야 하는 걸까?
할 줄 아는 것이라고는 회사일밖에 없었는데 어떤 것을 선택해야할
까? 이 질문에 나 역시 대답할 수 없었다. 사회는 때가 되면 사표를
받지만 퇴직 후의 새로운 직업을 위한 교육은 하지 않고 있는 실정이
다. 해봤자 창업설명회나 투자설명회가 전부다. 잘 못하면 헤어 나올
수 없는 구덩이와 같은 우후죽순 늘어나고 있는 설명회 말이다.

"제가 사기를 당한 것 같아요. 저 좀 도와주세요."
"무슨 일이신대요?"

"제가 얼마 전 퇴직을 하고 퇴직금을 받았어요. 이 사람들이 어떻게 알았는지 그 퇴직금으로 투자를 하라고 하더라고요. 요즘 퇴직 후 주로 장사를 하는데 거의 다 말아먹으니 차라리 투자를 해서 편하게 수익금을 벌 수 있다고 했어요. 그 사람들이 말을 잘 한 것인지 아님 제가 바보여서인지 혹 하고 넘어갔습니다. 사실 한 치의 의심도 하지 않았어요. 너무나 완벽했거든요. 그래서 제 퇴직금 1억 5천을 모두 투자했어요. 제가 미쳤던 거죠. 그런데 갑자기 그들에게 연락이 되지 않더라고요. 불안한 마음에 사무실도 가봤지만 그곳에는 저 같은 오십대의 퇴직자들만 모여 있었어요. 단번에 사기라는 것을 짐작했어요. 제가 미쳤어요. 어떻게 그렇게 혹 하고 속을 수 있는지, 돈을 너무 쉽게 벌려고 해서 벌 받은 것 같아요. 어떻게 하면 좋을까요?"

투자설명회에 가서 투자를 한 후 사기를 당한 그는 전 재산을 모두 잃게 됐다. 몇 십 년을 몸 바쳐 일 하고 받은 보상금인 퇴직금을 한 순간에 송두리째 사기를 당했다는 생각에 많이 낙심해 있었다. 여기저기 창업 열풍 속에서 돈을 벌기 위해 시작한 그의 첫 사업이나 마찬가지였다. 부푼 꿈을 안고 시작한 그것은 그에게 돈을 잃은 아픔보다 사람에 대한 배신감과 못난 자신을 보는 아픔을 선사해줬다. 실직 후 쓸모없는 사람으로 여겨지는 것도 모자라 능력 없는 아버지로 기억될까봐 그게 더 두려웠다.

참, 어떻게 해야 할지 모를 세상이다. 하지만 한 가지 분명한 것은 퇴직자들이 여기저기 창업 열풍을 일으키고 있지만 이상하게도 점점 모아뒀던 퇴직금은 줄어든다는 것이다. 그리고 그 마저 실패하게 되면 하나둘씩 대리운전에 퀵서비스에 택배 일을 하게 된다는 것이다. 그리고 이 일이 마지막이라고 생각하며 허황된 꿈을 꾸지 않고 하루하루 열심히 산다는 것이다. 너무 뻔한 스토리, 너무 당연한 이야기지만 지금 이 시간에도 퇴직자들의 창업실패 소식은 여기저기서 들려오고 있다. 어떤 게 맞는 선택인지는 아무도 모른다. 다만, 남자니까 무엇인가를 해야 한다는 것이다. 장사든, 운전이든 닥치는 대로.

축 처진 어깨가 더 처진다. 🐾

scene.5
축 처진 어깨만큼 자존감은 땅을 친다.

　세상에 아버지라는 존재는 가장 강한존재로 여겨졌다. 어렸을 때에는 아빠가 할 수 없는 일이 하나도 없다고 생각할 정도로 이 세상에서 가장 강한 사람으로 생각했다. 아무리 펄쩍펄쩍 뛰어도 어깨를 손으로 짚을 수 없을 만큼 아빠는 키도 매우 컸었다. 그 뿐인가? 양팔이 그네라도 된 것처럼 양쪽에 두 녀석이 매달려도 아빠는 끄떡없이 흔들흔들 그네를 태워줬다. 집에 뭐라도 고장 난 게 있으면 아빠가 뚝딱하면 고치지 못하는 것이 없었다.

　아빠는 마이더스의 손을 가진 슈퍼맨 같은 존재였다. 못 하는 것도 없고, 힘도 아주 센 아주 완벽한 남자. 그런데 시간이 점점 흘러 자식들이 커가면서 아빠는 이상하게 점점 작아지기 시작했다. 아빠 키가 작아지는 것인지, 자식들 키가 커서인지 눈 깜짝할 사이에 어느덧 아버지의 키만큼 자라는 것도 모자라, 아버지의 키보다 더 훌쩍 커져 버렸다. 이상하게도 그렇게 강하고 힘이 넘쳐날 것 같은 아버지는 자식들이 커가면서 점점 약해지기 시작했다. 말 한 마디면 꼼짝 못했던 자식들은 아버지를 이겨먹기 위해 바락바락 대들기 시작하고, 그런 자식들에게 꼼짝 못하는 아버지가 됐다. 이런 아버지 모습은 비단 자식들 때문에 그렇게 된 것만은 아닐 것이다.

"오랜만에 군대 간 자식 놈이 휴가를 나왔어. 얼마나 반갑던지 말이야. 아주 씩씩해지고 늠름해졌다라고. 진짜 사나이가 된 것 같아. 그런데 그 녀석이 갑자기 한 마디 하는 거야. 그냥 지나가는 말이었지만 솔직히 속이 상하더라고."

"뭐랬는데요?"

"안 본 사이에 왜 이렇게 늙었냐고."

"정말요? 아, 당연히 사람은 시간이 흐르면 늙어요. 그런 걸로 속상해 하면 어떻게 해요?"

"맞아. 시간이 가면 늙게 돼 있지. 그런데 이놈이 늙었다고 이 애비를 무시하는 거야. 같이 밖에 나가서 포장마차에서 술 한 잔 먹자고 하니까 요즘 누가 포장마차에서 술을 먹냐면서 자기는 친구들 만나기로 했으니까 나보고는 집에나 들어가라고 하더군. 처음 보자마자 나는 반가워서 죽겠는데, 아들놈은 늙었다고 하지 않나, 친구들 만날 거니까 집에 가라고 하지 않나. 정말 속상했어."

"요즘 애들 다 그래요. 부장님은 뭐 여렸을 때 안 그랬을 것 같아요? 그때 부모 심정이 어떻겠어요?"

"그러게, 나도 그랬겠지. 늙어가는 아버지를 행여 길거리에서 만날까봐 걱정했었거든. 내가 그 죄 값을 치루는 건가봐. 내 아버지는 얼마나 자존심이 상했을까? 생각해보니 유독 어깨가 축 쳐져서 더 작아보였던 것 같아."

"자식들은 부모가 돼봐야 안다잖아요. 너무 심난해 하지 마세요. 그리고 그만한 일로 기분 축 쳐져 있지 마세요. 기분이 쳐져있으면 어깨도 축 쳐져 보이고 힘이 없어 보이잖아요."

자존심이 많이 상한 듯 보였다. 늙어가는 것을 부인하는 것은 아니지만, 나이가 들어도 마음만은 청춘인데 자식 놈의 반응에 서운했던 것 같다. 사실이었지만, 감추고 싶은 부분을 아무렇지도 않게 아들 녀석이 들춰내줬다는 것이 속상했던 것 같았다. "늙지 않았다"고 "마음만은 청춘"이라고 "너는 뭐 안 늙을 것 같냐"며 소리쳐주고 싶었다. 하지만 그것도 늙어서인지 할 수 있는 자심감이 없었단다. 늘 크고 강한 사람으로 여겨졌던 아버지는 그렇게 자식 앞에서 작아질 수밖에 없었다. 처진 어깨가 더 축 쳐지는 순간이었을지도.

남자들의 뒷모습을 관찰해보면, 그가 지금 어떤 기분인지 어떤 상태인지 알 수 있다. 허리를 쫙 펴고 목에 힘을 준 모습은 자신감이 꽉 차 있는 경우다. 반대로 허리를 쫙 펴지 못하고 고개를 떨어뜨리는 모습은 자신감은커녕 마음속에 여러 가지 갈등요인이 있는 사람이다. 전자의 경우보다 후자의 경우를 나는 더 많이 봐왔다. 그들의

261

뒷모습은 많은 고민을 반영이라도 하듯이 슬퍼 보이고 힘겨워 보였다. 그게 어떤 고민인지는 아무도 알 수 없지만, 한 가지 분명한 것은 그들은 지금 힘들다는 것이다. 아주 많이.

"힘들다. 힘들어. 나이 먹으면 살기 힘든 것 같아. 나이 먹은 사람들은 배려를 해주지 않는 것인지, 왜 이렇게 많이 변해가는 거야. 정말 눈치 보여서 못 해 먹겠어."

"이사람 또 왜 그러나? 우리가 이런 일 한 두 번 겪나? 그냥 그러려니 하란 말이야."

"그러려니 하는 것도 지금 몇 년째인가. 아직 퇴직하려면 몇 년은 더 남았는데. 이런 일이 더 하면 더 했지 적어지지는 않을 거 아닌가."

"그러긴 하지. 그런데 어떡하겠나? 지금 당장 관두고 나가서 할 수 있는 것도 없고, 욕 하면 욕 좀 먹고, 무시하면 좀 무시당하면 되는 거 아닌가."

"지네들은 안 늙을 줄 아는가봐. 우리는 뭐 처음부터 늙은 게 아니었잖아. 우리 젊었을 때를 생각해봐. 얼마나 혈기 넘치고 일도 잘 했는지. 상사가 무슨 말 하면 척하면 척 알아듣고, 일처리 또한 얼마나 잘 했나."

"그랬지. 그렇다고 옛날이야기 하면서 우리를 이해해달라고 할 수는 없지 않은가. 그게 더 자존심 상하지. 우리 때도 분명 우리 선배들이 이렇게 한 숨만 푹푹 쉬며 살았을 거야."

"나가서 장사라도 할까? 치킨집하나 차려서 속 편하게 젊은 놈들 눈치 안보고, 상사 눈치 안보면서 살고 싶네 그려."

"장사는 뭐 아무나 하나? 요즘 퇴직하고 나서 장사 시작하면 죄다 망한다잖아. 그냥 버텨야 한다고. 어깨에 힘 좀 줘! 그래도 마지막 남은 자존심은 지켜야지!"

나이가 들어 젊은 사람들 수준에 따라가지 못한다는 것에 오십이 넘은 두 남성은 하소연이다. 실력이 없다고, 행동이 느리다고 무시하는 직장 후배들에게 서운하다며 푸념을 늘어놓는다. 시대가 변하면 당연히 모든 시스템이 현대화되고 급변하기 시작한다. 예전의 실력으로는 도저히 따라 갈 수 없는 노릇이다. 사실 미리미리 배워놓았으면 지금처럼 서러운 대접은 받지 않았을 텐데, 나이만 믿고 경력만 믿고 등한시 했던 것은 사실이었다. 하지만 그렇다고 해서 대놓고 무시를 당하니 서럽지 않을 수 있겠는가? 사실 이런 일을 당하고 참지 못하고 홧김에 사표를 집어 던지는 경우가 많다고 한다. 차라리 눈치 안보고 장사하는 것이 더 낫다며 결정하는 것이다. 그만큼 축 처진 어깨이지만, 자존심만은 땅을 치지 않게 하고 싶은 마음이었던 것 같다.

사람들이 알아줬으면 좋겠다. 남자들은 늘 주머니 속에 사표를 넣고 다니다 자신이 필요할 때 멋지게 날려주고 회사를 그만두고 싶다는 상상을 한다는 것을. 하지만 그렇게 할 수 없기에 하루에도 열두 번 자존심이라는 녀석을 집에 놓고 나온다는 것을. 직장에서나 가정에서나 늘 멋지고 강한 남자로 기억되고 싶다는 것을. 그리고 남자들이 대접받고 싶다는 것을. 뒤에서 보면 축 처진 어깨이지만, 앞에서 보면 자존감은 이미 땅을 치고 있다는 것을. 그것을 꼭 알아줬으면 좋겠다. 마이너스의 손이 아닌 마이더스의 손을 가진 슈퍼맨으로 영원히 기억 되고 싶다는 것을.

아주 옛날, 히말라야 산맥에 독수리 떼가 모여 있었다. 이 독수리들 중에는 날기 시험에서 낙방한 독수리, 파트너로부터 버림받은 독수리, 그리고 힘센 독수리에게 상처받은 독수리들도 끼어있었다. 이들은 자기들보다 더 상처받은 독수리는 없을 거라고 생각했다. 그래서 그들은 자살을 하기로 결심했다. 그러던 중, 영웅독수리가 내려와 그들 앞에 섰다. 그리고 물었다.

"너희는 왜 자살을 하려고 하는 것이냐?"
"이렇게 사느니 차라리 죽는 게 나을 것 같습니다. 너무 괴로워요!"

그러자 영웅독수리는 그들에게 이렇게 말했다.

"나를 봐라! 나는 상처가 하나도 없는 것 같은가? 내 몸을 봐라!"

영웅독수리는 자신의 날개를 펼쳐보였고, 날개사이로 많은 상처들이 나타나기 시작했다.

"이 상처는 날기 시험 때 생긴 거고, 이 상처는 나보다 힘 센 독수리 때문에 생긴 것이다. 그러나 이 상처들은 겉으로만 들어나는 것이다. 내 마음의 상처는 더 크다. 일어나 날아라! 상처 없는 새들은 이 세상에 존재하지 않는다!"

남자들이여, 마음속에 생긴 상처는 그만큼 인생을 헛살지 않았다는 것이다. 축 처진 어깨만큼 자존감이 땅을 친다고 할지라도 인생 헛살지 않았으니 그걸로 족한 것 아니겠는가.

상처 없는 새가 없듯이 상처 없는 사람들도 없지 않겠는가.

scene.6
나를 위해 살고 싶었다. 너무 늦었다.

세상을 살아가면서 나 자신을 위해 사는 사람이 얼마나 될까? 나 역시 나를 위해 살고 있는지 마음속으로 물어봤다. 그런데 사실 "난 나를 위해 산다"라는 답이 쉽게 나오지 않았다. 단지 "나도 나를 위해 살고 싶었다"라는 말을 하고 싶었던 것 같다.

사실 나를 위해 산다는 것은 누군가의 희생이 따르기 마련이다. 물론 세상에는 자신을 위해, 자신만을 위해 사는 사람이 분명히 존재한다. 하지만 그 사람을 대신해서 희생하는 사람이 분명 있기 마련이다. 그래서 세상이 이렇게 돌아가는 것이 아니겠는가? 모두 자신만을 위해 산다면 이 세상은 이미 멈춰버렸을지도 모를 일이다.

부모라는 존재는 자신만을 위해 살 수 없는 존재다. 부모가 된 순간부터 자식들을 위해 산다고 해도 과언이 아니다. 모든 스케줄이

자식들의 시간을 따라가게 되고, 그것도 모자라 지출항목도 자식들이 필요한 것으로 먼저 채워지기 마련이다. 사실 싱글로 살 것이 아니라면 나만을 위해 산다는 것은 포기해야 하는 일이 아닐까? 행여 나만을 위해 산다는 사람이 있다면 배우자와 자식들의 희생은 당연히 감수해야 할 것이다.

"내 꿈은 가수였는데 지금 이렇게 오토바이 배달 일을 할 줄 알았겠어?"

"오, 그래서 이렇게 음악을 즐겨 들으셨군요. 이 연세에 대단하시네요."

"젊어서는 기타도 잘 치고 노래 부르는 것을 좋아했어. 그래서 가수가 되고 싶었다네. 내 꿈이었지. 그런데 가수가 못 되고 결국에는 이 나이에 이 일을 하고 있잖아."

"젊었을 때는 꽤 미남이셨을 것 같은데요. 키도 크시고 가수 하셨으면 인기 많았겠어요. 근데 왜 가수 안 하셨어요?"

"왜긴 왜야? 원래 가정형편도 안 좋은데다가 나가서 일을 해야 돈을 벌 수 있었으니까. 그러니까 할 수 없었지. 그 시절에는 지금과 달라서 음악을 한다고 하면 '딴따라'라고 대접도 못 받았어. 돈이 있어야 뭘 하는데 없었거든. 그리고 음악을 하면 굶고 살았을 때니까."

"그래서 지금 후회가 남으세요? 표정이 그래 보여요."

"당연하지. 유일하게 내가 해 보고 싶었고, 나를 위한 일이었으니 후회되지. 결혼하면 다시 도전해 보겠다고 결심했었는데 처자식 먹여 살릴 일에 더 급급해서 꿈도 못 꿨어. 이젠 틀렸지 뭐."

"지금이라도 한 번 도전해 보시면 안 될까요?"

"너무 늦었지. 나이가 몇인데."

유일하게 나만을 위한 일이었단다. 꿈이었고 제대로 도전조차 해보지 못했던 일이었다. 살면서 언젠가는 할 수 있으리라 생각했지만 마음만 굴뚝일 뿐 쉬운 일이 아니었다. 혼자였으면 모를까 처자식이 생기니 하고 싶다고 해서 쉽게 할 수 없었단다. "대한민국의 부모는 모두가 그럴 것인데 뒤늦게 후회한들 무슨 소용이냐"며 한 숨을 쉬는 그는 결국 "이미 늦었다"며 오토바이에 앉아 음악을 들을 뿐이었다.

우리네 아버지들의 꿈은 무엇이었을까? 지금 우리의 꿈처럼 되고 싶은 것도 있었을 테고 하고 싶은 것도 있었을 테다. 물론 되고 싶은 직업을 가진 이들도 있을 테지만 대부분 그렇지 못한 이들이 더 많을 것이다. 아버지들이 당신만을 위해 살고 싶었던 마음이 없었을 리는 만무하고 도저히 엄두를 내지 못했을 것이다. 가족을 위해 살아야 했기 때문이다.

올해 오십이 넘은 형수는 아침부터 하루 종일 전화기를 붙잡고 있다. 통화내용을 들어보니 돈 문제인 듯 했다. 은행에 전화도 해보고, 아는 사람들에게 전화해서 사정하는 모습이 분명 돈 때문인 듯 했다. 어디 급하게 쓸 곳이 있는지 여기저기 돈 좀 융통해달라며 사정하는 모습이다. 그 모습이 왜 이리 힘들어 보이는지 보면서도 안타까울 뿐이었다. 그 순간 그가 의지 할 곳은 밖에 나가 담배 한 개비를 피우는 일 외엔 없어 보였다. 한숨을 푹푹 쉬며 들어온 그가 하소연하기 시작했다.

"아들 녀석이 서울에 취직을 했어."

"그래요? 그거 좋은 소식이네요."

"좋은 소식이지. 취직했으니 이제 맘을 놔도 되겠다 싶었어. 그런데 서울 집값이 왜 이리 비싸? 아들 놈 살집을 구해줘야 하는데, 열 평도 안 되는 원룸이 전세가가 육천이란다. 회사근처에 있는 원룸인데 이것도 방이 없어서 못 구할 판이래. 그나마 이곳은 외곽지역이라 저렴한 곳이야. 다른 곳은 억 단위더라고. 아들놈이 당장 먹고 잘 곳이 있어야 하잖아. 그래서 집을 구해야 하는데 돈이 문제네. 너도 알다시피 월급 뻔한데 돈을 모을 수 있었겠니? 사실 애들 둘 대학 등록금도 모두 학자금 대출 받은 거고 지금 사는 집 담보로 대출 있잖아. 거의 대부분 다 이럴 거야. 나뿐만이 아니고. 그것도 모자라서 자식 놈들 대학교 다닐 때 생활비랑 책값 이런 거 부족하면 모두 대출받아서 대주고 그랬지. 그랬더니 지금 빚이 엄청나. 그런데 지금 서울 집을 얻어주려고 하니 깝깝하다. 어떻게 해야 할지 모르겠어."

"대출 더 이상은 안 된대요?"

"지금 알아보고 있는데, 겨우겨우 될 것 같기도 하네. 사실 내가 받을 수 있는 대출을 총 동원했다. 나는 이제 연금도 없고, 퇴직금도 없고, 아무것도 남은 게 없어. 죄다 담보로 대출을 받았으니 말이야. 중간에 절대 그만 두지도 못해. 대출금 다 갚을 때까지. 안 그러면 정말 퇴직 후에 길거리에 나앉게 생겼어."

"정말 애들 앞으로 들어가는 돈이 엄청나죠?"

"말도 마. 너는 아직 애들이 어려서 아직 실감이 안 날거다. 대출이고 뭐고 죄다 애들 앞으로 들어간 돈이야. 나를 위해, 아니 우리 부부를 위해 들어간 돈은 하나도 없어. 막말로 나가서 술 먹으면 돈이 많이 들어갈까 봐 집에서 소주 한 잔 마시는 재미밖에 없다니까. 결혼 이후로 날 위해서 할 수 있는 일은 거의 없다고 봐야지. 그게 현실이야. 물론 돈 많고 여유 있는 사람들은 자식들한테도 주고 자기를 위해서 쓰기도 하고 그러겠지. 그런데 그런 사람들이 많지는 않을 거야. 그치? 다들 나처럼 이렇게 살겠지?"

다들 그렇게 산다. 대부분 부모들은 다 그렇게 산다. 우리 부모님 역시 그렇게 살았고, 내가 알고 있는 부모들도 그렇게 살았다. 당신들을 위해 사는 일은 거의 드물었고 자식들을 위해 사는 게 당연한 일이었다. 새 옷도 자식들을 위해서는 주저하지 않고 사줬지만 당신을 위해서는 단 천 원짜리 한 장 허투루 쓰지 못하셨다. 당신은 차비가 아까워 걸어 다니셨지만 자식들은 다리 아플세라 꼬박꼬박 차비를 챙겨주셨다. 당신은 물에 찬밥을 말아 후루룩 마시기 바빴지만 자식들에게는 따끈한 밥을 새로 지어 주셨다. 당신은 제대로 된 교육을 받지 못했지만 자식들에게는 없는 형편에 빚을 내서라도 공부를 시키셨다.

늘 나보다 자식을 먼저 생각하며 인생을 그렇게 사셨다. 분명 자신을 위해 살고 싶었지만 그렇게 할 수 없었다. 자식을 위해서 말이다. 그런데 그렇게 자식들을 키워 좀 여유가 있을 만하니 어느새 늙어버렸다. 나이가 들었다. 몸이 아프다. 막상 뭘 하려고 하니 맘처럼 되지 않는다.

모두가 마찬가지겠지만 남자들도 어렸을 때 '하고 싶은 것'과 '되고 싶은 것'이 많았다. 하지만 세월이 흐르고 이 세상에서 살아남기 위해 그리고 가족을 위해 그 꿈을 잃어버렸다. 아니 꿈이 잊혀져버렸다. 안타깝지만 어쩔 수 없는 일이다. 분명 나를 위해서 살고 싶었지만 어쩔 수 없는 일이 돼 버렸다. 이게 다 세상의 이치인 것인가?

나도 나만을 위해 살고 싶었지만 너무 늦은 것 같다. 다시 시작하기에, 다시 도전하기에 너무 늦은 것 같다. 🐾

scene.**7**

그래서 자식에게 모든 것을 건다.

"부모의 근본적 결함은 자녀들이 자기의 자랑거리가 되기를 바라는 데 있다." 철학자 러셀의 말이다. 이 말처럼 부모는 자신이 이루지 못한 것을 자식을 통해 이루고자 자식에게 모든 것을 건다 해도 과언이 아니다.

"이 녀석 지금 뭐라고 했어? 뭘 하겠다고?"

"아버지, 전 가수가 되고 싶어요. 공부는 저한테 맞지 않아요."

"가수? 야 이 녀석아 가수는 뭐 아무나 하는 것인 줄 알아? 그건 돈벌이도 안 되는 거야."

"아버지, 그래도 전 제가 하고 싶은 일 하고 싶다고요."

"그동안 널 어떻게 키웠는데, 지금 무슨 말 하는 거야? 너 하나 잘 키워 보겠다고 이 애비는 하고 싶은 거 꾹꾹 참으면서 너 뒷바라지

해 줬어."

"제발 그 말 좀 그만 하세요. 만날 똑같은 이야기만 하시잖아요. 저한테 거는 기대 좀 그만 접으시라고요."

"너라도 이 애비가 못 이룬 꿈을 좀 이뤄주면 안되겠니? 믿을 사람은 이제 니들뿐인데 말이야. 이제껏 이렇게 고생하며 살아도 네놈들 잘되리라 여기고 참고 살았던 말이야."

이런 광경은 어느 가정에서나 있을 법한 모습이다. 자식은 이상하게도 늘 부모가 바라는 대로 따라주지 않고, 부모는 그런 자식들에게 서운해 한다. 늘 이런 모습에서 빠지지 않는 레퍼토리가 하나 있으니 그것은 바로 부모의 말 한 마디 "내가 널 어떻게 키웠는데"이다. 그만큼 부모입장에서 자식들에게 거는 기대가 크다. 하지만 어떤가? 부모가 원하는 대로 자식들이 따라와 주는 가정이 얼마나 된단 말인가. 그리고 부모는 왜 자식들에게 모든 것을 건다는 말인가? 앞서 소개했던 가수가 꿈이었던 아버지는 나에게 이런 말을 했다.

"피는 못 속이는지 내 아들이 가수를 한다고 나서더라고. 사실 내가 그 나이 때 꼭 그랬었지. 하지만 나는 이루지 못한 꿈이었어. 도전도 하지 못했고 말이야. 그런데 아들 녀석이 가수를 하겠다고 하는데 선뜻 찬성을 못해주겠더군. 왜 그랬을까? 사실 많이 힘들고 어려운 일이라는 것을 알기에 그랬나봐. 솔직히 난 내 아들이 그냥 넥

273

타이 메고 출근하는 그런 회사에 다녔으면 했는데, 그래서 어려서부터 남부럽지 않게 키웠거든. 내가 하고 싶은 것도 포기하고, 나를 위해 살아 본 적도 없이 그렇게 키웠어. 그런데 이제 와서 가수를 한다고 하니 솔직히 아들에게 배신감이 느껴지더라고. 그런데 자식 이기는 부모 있나? 허락하고 말았어. 넥타이는커녕 지금 머리에 노란 염색을 하고 다니는 걸 보면 한숨이 나오긴 하네."

그의 꿈을 대신이라도 하듯 아들은 가수라는 꿈을 선택했다. 사실 아버지가 이루지 못한 꿈을 대신 이루는 것이기에 선뜻 찬성했으리라 생각했지만, 아버지는 찬성하지 않았다고 했다. 남들과 같이 평범한 회사원이 돼 굶지 않고 살았으면 하는 바람이 더 컸다고 했다. 자신은 꿈을 져버리고 자식 놈을 위해 열심히 헌신하며 키웠는데, 자식이 아버지의 마음을 몰라주니 다른 방도가 있겠냐는 것이었다. 사실 그 자식 놈에게 모든 것을 걸었는데 말이다.

세상의 모든 부모는 그렇다. 나만을 위해 살지 않는다. 결혼 후 부모가 되면서 모든 일을 내가 아닌 자식의 관점으로 생각하게 된다. 그래서 나를 위해 살 수가 없다. 자식을 위해 되고 싶은 것, 하고 싶었던 꿈도 포기해야했다. 자식을 위해 좋은 옷, 좋은 신발 하나 제대로 사보지도 못했다. 자식을 위해 더럽고 치사해도 나이 어린 상사에게 허리를 굽실거렸다. 돈 없고 능력 없는 부모 만나 고생할까 봐 남부럽지 않게 키웠다. 비록 나는 가진 것이 없었지만 자식 놈에게는 단 얼마라도 쥐어주기 위해 하루 온 종일 발바닥에 땀내며 일만 했다. 내가 나를 위해 할 수 있는 것이라고는 소주 한 잔이 전부였다. 그렇게 나를 희생하며 자식을 위해 살았다. 내가 할 수 없음에 내가 이룰 수 없음에 자식이라도 잘되라고, 그 놈한테 모든 것을 걸었다. 하지만 세상이 그렇듯 자식도 내 맘대로 되지 않는다. 머리가 크고 덩치가 커지면서.

"내가 너희들을 어떻게 키웠는데"라는 말은 이제 더 이상 하지 말아야 할 것 같다. 사실 세상의 어떤 부모가 자식을 대충대충 키우는 사람이 있단 말인가. 세상의 어떤 부모가 자식을 최선을 다해 키우지 않은 사람이 있단 말인가. 나 혼자만 그렇게 키운 것이 아닌데 괜히 자식이 배신했다고 실망할 필요가 없지 않은가.

자식이 무슨 죄를 졌나? 내가 못 이룬 것을 대신 이뤄주는 사람도 아닌데. 자식에게 모든 것을 건 사람은 자식이 아니라 바로 나인데.

누가 자식한테 모든 것을 걸라고 했단 말인가? 🐾

scene.8

내게 일어난 일은 모두 버틸 수 있는 일이다.

어떤 사람이 내게 말했다. 이젠 더 이상 버틸 수 없을 것 같다고. 너무 힘이 들어 하루하루 사는 게 지옥이라고. 얼마나 힘이 들었으면 이런 말까지 하는지 사실 마음이 아팠다. 너무 버틸 수 없을 정도로 그렇게 힘든 일이었는지. 하지만 내가 그 사람에게 해 줄 수 있는 말은 딱 한 마디였다.

"신은 딱 버틸 수 있을 정도의 고통을 준다고 했어요. 분명 버틸 수 있습니다."

맞는 말인 것 같다. 사람들은 너무 힘들고 지치면 더 이상 버틸 수 없다고 말한다. 마치 그러한 고통이 자신에게만 주어지는 것인 양, 중도에 포기하려고 한다. 하지만 세상은 공평하다. 절대 버틸 수 없을 정도로 큰 고통은 주지 않는다는 것이다. 그 일을 버티기 위해, 헤쳐 나가기 위해 물론 많은 고통을 겪어야 할 수도 있지만 분명한 것은 버틸 수 있는 일이라는 것이다.

"내가 그 때를 생각하면 아직도 눈물이 나. 우리 딸이 아파서 큰 수술을 받았었거든. 아버지가 돼서 딸에게 해 줄 수 있는 게 아무것도 없었던 것 같았어. 아이가 아픈데도 대신 아파줄 수 없었거든. 그 때는 정말 내가 이 일을 버틸 수가 있을지 의문이 들더라고."

"딸이 많이 아팠나 봐요?"

"응, 교통사고가 났는데 큰 수술을 몇 번이나 했거든. 교통사고가 났을 때 세상이 끝난 것이라고 생각했어. 모든 부모가 그렇듯이 자식이 그런 일을 당하면 인생 져버린 것처럼 괴로워하잖아. 사실 산다는 것에 아무 의미를 부여하지 못했지. 그래서 엄청 힘들었었어. 그때."

"그래도 수술이 잘 됐나 봐요?"

"다행히 수술은 잘 됐지만 여러 차례 수술을 해야 했어. 그리고 재활치료를 했고 말이야. 소위 말하는 머리를 여는 수술을 해서 재활치료가 꼭 필요했거든. 딸이 그런 일을 당하니 정말 힘들더라고. 그래도 어떡하겠어. 자식인데 내가 참고 버텨야 하지 않겠나 싶더라고. 그래서 하루빨리 정신 차리고 다시 일을 시작하고 딸이 정상으로 되돌아오도록 재활치료도 열심히 시켰지. 그래도 살아있다는 거

하나만으로 위안을 삼았어."

"지금은 괜찮아요? 시간이 많이 흘렀는데."

"응, 확실히 아이들은 회복이 빠르더군. 수술도 잘 됐지만 재활치료도 열심히 시켜서인지 지금은 거의 정상이 됐어. 그 녀석 학교 보낼 때는 사실 정상이 아니어서 얼마나 불안하고 힘들었는지 몰라. 그때 맘고생은 이루 말할 수 없어. 물론 그 녀석이 더 힘들었겠지만."

"지금 지나고 나서 생각하니 어떠세요?"

"어쩌긴. 지금은 웃을 수 있잖아. 그때는 왜 하필 우리 딸한테 이런 일이 있냐며 마음속으로 많이 원망도 했어. 왜 이렇게 큰 시련을 주냐며 말이야. 정말 그때는 버틸 수 없는 일이라고 생각했거든. 하루하루 버티며 사는 게 너무 힘이 들었으니까. 근데 지금 생각해보면 다 버틸 수 있는 일이었던 것 같아. 그게 아마 내 자식이었으니까 버틸 수 있었겠지."

그와 함께 이야기를 하며 내 마음도 많이 아팠다. 나도 부모이지만 내가 그 상황이었다면 어떻게 버틸 수 있었을지 장담하기 어려웠기 때문이다. 아무리 사람이 버틸 수 있는 고통만 준다고 해도 사실 그 고통을 버티고 헤쳐 나가는 일은 쉽지 않다는 걸 잘 안다. 나 역시 무슨 일이 있으면 힘들어하고 내게 그런 일이 일어난 것에 불평만 했던 기억이 떠오른다. 그리고 내가 만났던 아버지들 역시 작던 크던 여러 가지 어려움에 부딪혀 가며 전전긍긍 버티며 살고 있었다.

"월급 들어오면 죄다 카드 값에, 대출이자에 남는 게 하나도 없네. 언제 이 빚을 청산할 수 있을까? 정말 힘들다. 못 살겠다. 못 살겠어."

"자식 놈이 내 말을 안 들어서 죽겠네. 아주 화가 나서 한 대 패려 해도 이제는 나보다 덩치가 더 커서 그렇게 하지도 못하겠어. 무슨 말만 하면 말대꾸나 하고 있고. 정말 힘들다."

"저 성격 드러운 상사 때문에 일 할 맛 정말 안 나는 것 같아. 어디서 저런 놈이 나타나서 이렇게 갈구는 건지. 정말 힘들어서 못살겠다."

"마누라 쨍쨍 거리는 소리 때문에 정말 못살겠네. 집에 있기가 싫어. 얼굴만 대면 잔소리야. 뭐가 그리 못 마땅한지, 만날 잔소리니 이거 진짜 못 살겠다."

"몸이 아파서 힘드네. 얼마 전에 검사한 결과 나왔는데, 결과가 별로 안 좋아. 돈도 없는데, 몸까지 아프고 가족들한테 미안해서 어쩌지? 왜 이리 살기 팍팍하니?"

"사업에 실패하고 퀵 서비스 일을 하는데 요즘은 왜 이렇게 일이 없는지 정말 힘드네요. 직장에서 쫓겨나고 사업에 실패해서 이 일을 하는 사람이 하루가 다르게 점점 늘고 있어요. 일은 없는데 말이죠. 하루에 삼만 원 벌기도 힘들어요. 뭐 먹고 살아야 하나요? 정말 남자로 태어난 게 힘든 세상입니다."

"택배기사인데요, 주정차 위반 했다고 집으로 딱지 날라 왔어요. 하루에 버는 돈 반을 잃었으니 정말 일 할 맛 안 나네요. 정말 힘들어요. 하루하루 사는 게."

"아들 녀석 그렇게 키워놨더니 공부는 지한테 안 맞는다고 하지 않겠다고 하네. 유일하게 기대하고 있던 아들인데 말이야. 배신감에 못 살겠다."

말끝마다 따라오는 말이 "못 살겠다. 힘들다"였다. 말버릇처럼 우리는 이 말을 달고 사는 것 같다. 그러면서 자연스레 욕도 한 번 하게 된다. 사실 사는 것이 만만치 않은 일이다. 내 뜻과는 달리 세상이 움직이고, 내 의지와는 달리 해야 하는 일이 생기기 마련이다. 그래서 내가 만난 아버지들 역시 사는 게 팍팍하다고 하소연을 늘어놓았다. 아마 아버지이기에, 남자이기에 더욱 힘들다고 여기는 것은 아닐까? 마치 세상에서 가장 불행한 사람이 자신인 것처럼, 그렇게 한 숨만 푹푹 쉬며….

문득 TV에서 한 아버지의 이야기를 보게 됐다. 그는 암에 걸려 몇 번의 대수술을 받게 됐고 장기의 절반이상을 절제했다. 몇 번의 암 재발로 인한 결과물이었다. 한 번의 암 진단도 모자라 몇 번의 재발을 겪었고 급기야는 장기의 절반 이상을 절제하게 됐다고 한다. 얼마나 힘들고 참을 수 없는 고통을 버티며 살았는지 안 봐도 훤했다.

그런 그가 지금은 새 인생을 살고 있었다. 마라톤을 하며 건강을 되찾았고, 한 번 죽음의 고비를 이겨내고 새로 사는 인생이라 생각하며 더 가치 있게 살고 있었다. 그 역시 병을 얻기 전에는 다른 아버지들처럼 자식 때문에, 돈 때문에, 직장 상사 때문에, 마누라 때문에 "못살겠다"를 말버릇처럼 입에 달고 살았을지도 모른다. 분명 그랬을 것이다. 그때는 정말 짜증이 나고 힘이 들어서 그렇게 생각했을 것이다. 그런데 병을 얻고 그 병을 치료하기 위해 버텼던 과정을 겪고 나니 그 전의 걱정은 아무것도 아니었다는 것을 알게 됐을 것이다. '왜 나에게 이런 시련을 주냐'고 '왜 이런 큰 병을 주냐'고 원망했고 생을 포기하고 싶었지만 그는 버티고 이겨냈다. 병을 이기기 위해 싸웠던 고통도 모두 이겨낸 마당에 병을 얻기 전 그에게 닥쳐왔던 여러 시련은 고통이라고 생각되지 않았을 것이다. 그런 그가 이런 말을 했다.

"나에게 일어난 일은 모두 버틸 수 있는 일이었습니다."

'항상 웃을 수 있는 인생'도 '항상 우는 인생'도 없는 것 같다. 우리가 극복하지 못하는 인생도 없는 듯하다. '신은 버틸 수 있는 고통만 준다'는 말이 그래서 생겨난 듯하다.

지금 나에게 일어난 일은 모두 버틸 수 있는 일이다. 내게 일어난 이 모든 일은 내가 내 삶에 초대한 일인 것이다. 나쁜 일이던, 좋은 일이던 내가 겪어야할 일이다. 세상은 공평해서 늘 좋은 일만 주거나, 나쁜 일만 주지 않는다. 좋은 일이 있으면 나쁜 일도 있듯이 모두 겪을 수 있는 일만 준다. 내 삶에 초대한 이 모든 일은 버티고 헤쳐 나가고 느끼고 기뻐해야 할 일이다. 내 삶이 내게 준 선물이니 당연히 내게 일어난 모든 일은 버틸 수 있을 것이다. 힘들어서 못 살겠다고 중얼거리지 말고 어차피 겪어야 할 일이라면 버텨야 하지 않겠는가?

할 수 있다. 무슨 일이 생겨도. 지금 당신은 세상에서 가장 위대한 남자니까. 아버지니까. 내게 일어난 일은 모두 버틸 수 있는 일이니까.

"인생 별것 아니더라. 살다보면 별 일이 생기는 것일 뿐이지."

scene.9
그래도 나를 위로해주는 곳, 가족

　가족을 생각하면 어떤 기분이 드는가? 어떤 사람은 가족을 '웬수' 라고도 하고, 어떤 사람은 '삶의 안식처'라고 생각한다. 사실 우리가 배우는 가족의 의미는 후자다. 가족은 쉴 수 있는 곳이고, 힘을 주는 곳이고, 힘들 때 위로 해주는 곳이라고 배웠다. 그게 우리가 생각하는 가족이다.

　그런데 남자들의 이야기를 들어보면 왜 그렇게 "가족 때문에 힘들다"는 이야기가 유독 많이 나오는지 모르겠다. 가족을 먹여 살리기 위해 일을 해야 하고 위로 받고 싶은 가족은 오히려 "더 힘들게 한다"고 말한다. "가족 때문에 드럽고 치사한 직장에서 굽실거려야 하고, 가족 때문에 하고 싶은 일도 제대로 하지 못한다"고 말하는 남자도 있다. 가족이 정말 그런 존재일까?

"무척 힘들어. 당연히 힘들지. 한 집안의 가장으로 가족들 챙겨야 하는 것 때문에 솔직히 힘들어. 제대로 된 아버지 역할도 해야 하고, 또 언제 닥칠지 모를 어떤 일 때문에 돈도 많이 모아야 하잖아. 어제는 큰 딸이 교복을 맞춰야 한다며 육십만 원을 가지고 갔어. 순간 허리가 훅 휘는 느낌이 들더라고. 또 아들 녀석은 축구를 한다며 축구화를 산다고 해서 이십만 원을 가지고 가더라니까. 진짜 나는 육십만 원짜리 옷이나 이십만 원짜리 신발은 사 본적이 없는데 말이야. 이놈들은 말 한 마디 하면 다 나오는 줄 알아. 마누라는 또 홈쇼핑을 얼마나 자주 보는지 만날 택배가 와. 그렇다고 가족들이 나를 살갑게 맞아주는 것도 아니고 어떨 때는 혼자 집에서 라면 끓여 먹는 날이 많다니까. 힘들긴 해."

"가족? 애들 어릴 때나 가족이지. 이놈들이 커가면서 이 애비를 얼마나 무시하는지 모른다. 애비가 늙어간다고 말도 섞지 않으려고 해. 집에 술 한 잔 먹고 들어가면 그냥 아무 말 않고 지네들 방에 들어가 버리고. 술 먹고 들어왔다고 버럭버럭 소리나 지르고 말이야. 진짜 위로 받고 싶은 곳인데, 더 마음이 불편하다니까."

"그래도 가족과 함께 사는 것 자체가 행복인줄 아세요. 저는 기러기 아빠인데, 가족이랑 떨어져 사는 것도 모자라 뒷바라지해야 하니 솔직히 힘들더라고요. 전 온 가족이 모여서 언제 밥을 먹었는지 기억이 안나요. 저한테 가족은 그냥 떨어져 사는 사람인거죠. 보고 싶어요. 어휴, 언제나 볼 수 있을까요."

가족에 대해 하소연하는 그들의 말 속에는 '가족이 있어 행복하다'는 의미가 숨겨져 있는 듯 했다. 그래서 나는 그들에게 이 말 한마디를 던져줬다.

"가족이 있으니 싸움도 하고, 돈도 쓰고, 무시도 당하는 거죠. 정말 가족이 없는 사람들은 얼마나 부럽겠어요. 돈이 있어도 쓰지 못하고, 싸우고 싶어도 싸우지도 못하는데요. 그리고 자식들도 아버지를 믿고 따르니까 무시도 하는 거죠. 가족이 없다고 생각해 보세요. 어떨 것 같으세요? 이런 이야기할 때, 낄 수도 없는 입장이 된다는 거예요. 그렇지 않나요? 지금 다들 푸념하고 있지만, 사실 가족이 있어 행복하다고 아우성치는 것 다 보여요. 이러다가 가족 자랑 하자그러면, 1박 2일 밤을 새워도 모자를 판인데요 뭐."

가족에 대해 하소연을 하는 것을 들어보니 그래도 가족이 있기에 이렇게 하소연도 하고 푸념도 할 수 있다는 것을 알았다. 우리가 늘 가깝게 지내는 가족이기에 싸울 수도, 무시당할 수도 있다. 사실 밖에서 속상한 일 있을 때 어디 가서 화풀이를 하겠는가? 가족 아니겠는가? 밖에서 힘든 일 있을 때, 어디 가서 위로 받고 위로 해 주겠는가? 가족 아닌가?

세상에 가족보다 더 끈끈한 정을 가지고 있는 곳도 없다. 작은 상처에도 등을 돌리는 다른 인간관계와는 달리 상처를 허락하는 곳이 가족이다. 아무리 다른 사람들이 등을 돌린다 해도 그 상처를 감싸 안아주는 곳이 가족이다.

그래도 가족이 있어 행복한 그대들 아니겠는가. 가족이 있어 이렇게 다시 한 번 가족을 생각 할 수 있는 그대들 아니겠는가.

그래도 힘든 나를 위로 해 주는 곳은 바로 가족이다. 🐾

축제는 다시 시작됐다.

　행복을 살 수 있다면 얼마나 좋을까? 그렇다면 행복하지 않은 사람이 없을 텐데. 하지만 행복은 돈으로 살 수는 없지만, 아주 소소한 일상에 천금과도 바꾸지 못할 행복이 있다.

　이 책을 쓰면서 여러 남자들을 다시 보게 됐다. 물론 대부분이 대한민국에서 아버지로 살아가고 있다. 이들은 힘들고 아프다고 말했다. 젊어서의 청춘이 그리울 정도로 나이 먹는 것이 서럽다는 아버지, 사업에 실패해서 퀵 서비스 일을 하는 아버지, 나이 어린 상사에게 머리를 조아려야하는 아버지, 비싼 파카를 사달라고 해서 아들에게 육 개월 카드 할부로 파카를 사준 아버지, 아들의 원룸을 얻어주기 위해 모든 퇴직금이며 신용대출로 기꺼이 돈을 마련해 준 아버지, 단 만원의 현금이 없어서 아이스크림 하나 제대로 사먹지 못하는 아버지. 아주 많은 아버지들을 만났다. 저마다 힘들다고 했지만, 행복을 돈으로 살 수 있는 것보다 살면서 느끼는 이 생활이 행복이라는 것을 잠시 잊은 듯했다.

그들은 하나 같이 같은 이유로 일을 했다. 그리고 자신을 위해서는 제대로 무엇 하나 해보지도 못했다. 나만을 위해 살고 싶었지만, 그렇게 하지 못한 것에 속상해 했다. 그래서 자식에게 모든 것을 걸었지만 자식마저 내 뜻에 따라주지 않은 것에 실망하는 듯 했다. 하지만 그들은 자신들을 힘들게 하던 가족이 있기에 그 존재의 이유만으로 행복하다고 생각하는 사람들이다. 아주 소박하지만, 가장 중요한 그것이 바로 그들이 살아가는 이유였다.

"나 어제 친구 녀석 소식을 들었는데, 마누라가 아파서 치료를 받아야 한다더라고."

"어디가 아픈데요?"

"응, 암이래. 제대로 건강검진 한 번 못 했다더라고. 정말 하늘도 무심하지. 썩 넉넉한 집안도 아닌데, 그렇게 큰 병을 주다니. 어떡하면 좋니."

"그렇구나. 꼭 그렇게 나쁜 병은 못 사는 사람한테 가더라고요."

"그러게. 그 친구가 그러더라. 빚이라도 내서 돈을 들여 고칠 수만 있다면 좋겠다고. 너무 늦어서 고칠 수나 있을지 모르겠다고. 그러면서 나한테 마누라한테 잘하라고 한 마디 하더군. 비록 무시하며 잔소리 하더라도 건강히 잘 있다는 것만으로도 귀한 존재라고."

"아, 정말 그런 일을 겪어보니 그렇게 하지 못했던 것이 기억이 떠올랐나 봐요. 못 해준 것에 대해 많이 미안해하는 것 같네요."

"응, 진작 잘 해 주지 못해 미안하다더군. 만날 잔소리 한다고 술만 먹고 들어갔던 기억 밖에 없대. 정말 후회하더라. 나도 그 녀석 말 듣고 우리 마누라를 보니까 얼마나 이뻐 보이던지 말이야. 그냥 잔소리를 해도 좋고, 술 먹고 들어왔다고 소리 질러도 좋더라고. 건강하게 새끼들하고 아웅다웅 사는 모습 그 자체가 좋은 거야. 이것이 행복 아니겠어? 남자들이 그러지? 제일 바꾸고 싶은 것은 마누라라고. 그런데 마누라하고 새끼들만 빼 놓고 다 바꾸고 싶은 게 남자들의 진짜 마음이야. 옆에 있으니까 더 귀한 줄 모르고 사는 거지. 없으면 이유 없이 힘이 빠지고 살 낙이 없어지잖아. 살아가는 이유야."

살아가는 이유가 바로 가족이다. 어떻게 보면 그렇게 힘들다고 푸념했지만, 결국 힘들 때 위로 받고 싶은 곳이 가족이었다. 그리고 없어서는 안 되고, 없다고 무작정 새로 만들 수도 없는 게 가족이었다. 휜 허리에서 등골을 쪽쪽 빨아먹는 처자식이 있으면 어떤가? 그래도 그들이 있어서, 건강하게 있어줘서 행복하지 않은가. 뭐니 뭐니해도 가족이 있어 나는 행복한 사람이 아니겠는가.

힘들 때 생각만 해도 힘이 되어주는 가족이 있고, 그 가족을 위해 오늘도 열심히 발바닥에 땀나게 뛰어 다니는 내가 존재한다는 것만으로도 나는 행복한 남자 아니겠는가.

오늘도 흰 허리에 빨대를 꽂고 쪽쪽 빨아먹는 내 새끼들을 보면 힘이 불끈불끈 솟는다. 그런 새끼들을 생각하면 축 처진 어깨를 쫙 펼수 있는 힘이 생긴다. 그러니 얼마나 행복한 남자인가. 오늘도 나는 열심히 일 한다.

그리고 내 인생의 축제는 그렇게 다시 시작됐다. 🎞

다시 시작된 축제의 장에서

가끔은 세상이 너무 불공평한 것 같습니다. 같은 세상을 살면서도 누구는 부자로, 누구는 가난으로 살기 때문이죠. 하지만 부자라고 해서 모두 행복한 것은 아닙니다. 물론 가난하게 살아도 모두 불행한 것이 아니죠. 세상은 공평해서 하나를 얻으면 하나를 잃을 수 있다고 합니다. 모두 비슷한 양의 행복과 불행을 가지고 있거든요. 하지만 비슷한 양의 행복과 불행을 어떻게 늘리고, 극복하느냐는 개개인의 몫인 것 같습니다. 그 결과에 따라 누구에게는 이 세상이 축제의 장이고 누구에게는 죽지 못해 사는 생존을 위한 장이 되는 것이지요. 하루는 제 주위의 많은 남자들 중 어느 누군가가 저에게 고개를 갸우뚱거리며 이렇게 묻더군요.

"뭐가 그리 좋아서 만날 웃고 다니는지 모르겠다."

"좋은 거 있으면 같이 웃게 좀 알려주라."

그 말에 제가 이렇게 대답했습니다.

"안 좋을 일은 또 뭐가 있나요? 사람 마음가짐에 따라 웃을 수 있고, 찡그릴 수 있는 거죠. 항상 즐겁고 행복하게 살아도 짧은 인생인데, 굳이 얼굴 붉히며 살 필요 있나요? 그냥 좋다고 생각하면 좋은 겁니다."

남자들은 자신이 처한 삶이 너무 힘들다고, 지친다고 많이 생각하더군요. 그래서 즐겁지 않다고 말이죠. 위로 받고 싶은 가족이 있지만 위로해 달라는 말 대신 소주 한 잔의 위로를 선택할 수밖에 없는 이유가 무엇일까요? 아마도 나이가 들어도 늘 강한 사람이라는 것을, 약한 모습을 그 이면에 감추고 싶은 마음일 것입니다. 그렇다고 그들이 강한 사람이라고 생각해 달라는 것이 아닙니다. 많이 약해졌으니 위로해 달라는 것도 아닙니다. 그렇게 해달라고 제가 이런 이야기를 전하려 했던 것도 아닙니다. 그냥 남자도 울고 싶을 때가 있고, 감추고 싶을 때가 있고, 혼자이고 싶을 때가 있다는 것을 알리고 싶었습니다. 그리고 이 세상에 지쳐 있는 남자들이 다시 돌아오지 않을 것이라고 여겼던 젊음으로 가득 차있던 축제의 장이 지금 이 순간 시작될 수 있다는 것도 말이죠. 물론 토끼 같은 새끼들과 여우같은 마누라와 함께 말이지요. 못살겠다고 서로 할퀴고 그만 좀 힘들게 하라며 타박했던 가족이었지만, 그래도 서로 위로해주고 다독여 주는 곳이니까요. 그곳에서 지친 몸과 마음을 위로받고, 새로운 축제의 장을 열어보는 것은 어떨까요? 그리 길지 않은 인생, 즐겁다 생각하고 웃어보는 것은 어떨까요? 잘 낫던지 못 낫던지 남자 아닙니까? 새치가 좀 돋아도 괜찮습니다. 기억력이 좀 떨어져도 괜찮습니다. 머리칼이 좀 없으면 어떻습니까? 마음은 언제나 청춘이고, 그 마음만으로도 세상은 아름다울 수 있는데요. 지금의 현실을 탓하지 말고 주위에 널려있는 소소한 행복을 한 번 찾아보세요. 공부 좀 못하지만 건강한 자식 놈들, 잔소리를 입에 달고 살지만 한 평생을 함께 할 마음 착한 마누라, 야박하고 깐깐하지만 당신보다 머리칼이 더 빠진 상사, 젊다고 힘 자랑 하지만 아직 결혼 못한 직장후배, 그리고 몰랐지만 사실은 당신보다 더 힘들었을 부모님. 생각만 해도 입 꼬리가 올라가지 않나요? 그게 바로 행복입니다. 살면서 한 번 있을까 말까하는 로또 같은 행운 말고, 도처에 널려있는 소소한 행복을 누리며 사는 게 어떨까요? 그 행복과 함께 축제는 다시 시작될 것입니다.

문득 아버지가 생각이 나네요. 소소한 행복 중 하나인 딸이 전화를 자주 못 드려 죄송한 마음에 전화 한 통화 드려야할 것 같습니다. 여러분도 함께 해보지 않으실래요? 누구라도 좋습니다. 주위의 행복들을 모른 척 하지 마세요. 다시 시작되는 축제의 주인공이 되어 보세요. 어느 조건도 필요치 않습니다. 그저 마음가짐 하나면 됩니다.

이 세상의 반인 여자들이 나머지 반인 남자들을 응원합니다. 그리고 저 역시 내 남편을 비롯한 이 세상 남자들의 행복을 기원하며 그들을 위한 집필을 마칠까 합니다.

_세상의 반인 평범한 여자들 중 한 명, 나상미 드림

그대는 남자다

초판 1쇄 발행 2014년 10월 16일

지은이 나상미
펴낸이 배충현
편집장 양기석
디자인 이경선, 주세은
삽 화 정필용

펴낸곳 갈라북스
출판등록 2011년 9월 19일(제25100-2011-260호)
주소 서울시 마포구 성산동 294-4 두일빌딩 301호
전화 (02)715-9102 **팩스** (02)325-9102
블로그 http://galabooks.blog.me
전자우편 galabooks@naver.com

ⓒ 나상미 2014
ISBN 978-89-969165-6-7 03330

「이 도서의 국립중앙도서관 출판예정도서목록(CIP)은 서지정보유통지원시스템
홈페이지(http://seoji.nl.go.kr)와 국가자료공동목록시스템(http://www.nl.go.kr/kolisnet)에서
이용하실 수 있습니다.(CIP제어번호: CIP2014026851)」

* 갈라북스는 (주)아이디어스토리지의 출판브랜드입니다.
** 값은 뒤표지에 있습니다.